AF302099

Mein langer Weg
zur fleischlosen Ernährung

Adam Fischer

www.tredition.de

Verlag und Druck   tredition GmbH
Halenreie 40-44, 22359 Hamburg

Foto Titelseite
und Illustrationen: Adam Fischer

Gestaltung und Satz: Konstantin Banmann
www.kontinuum-art.de

Lektorat: Ina Kleinod
www.sinntext.de

ISBN:

Paperback: 978-3-347-06512-3
Hardcover: 978-3-347-06513-0
E-book: 978-3-347-06514-7

Inhaltsverzeichnis

Warum wir Fleisch essen

Isst der Mensch von Natur aus Fleisch – werden wir als Fleischesser geboren oder nicht? Immer wieder wird diese Frage kontrovers diskutiert, besonders in dieser heutigen Zeit, in der verstärkt gesundheitliche Erwägungen, aber auch Einflüsse auf das Klima und die Umwelt bei der Beantwortung in Betracht gezogen werden. Doch unabhängig davon und obwohl es so selbstverständlich ist – wie es nur sein kann –, spreche ich es hier aus: Der Verzehr von Fleisch ist nur möglich, weil zu diesem Zweck einem Tier sein Leben genommen wird!

Wie kommt ein Mensch, der traditionell mit der üblichen Mischkost aufgewachsen und an diese gewohnt ist, dazu, Fleisch von seinem Speiseplan zu streichen? Die Gründe hierfür sind so vielschichtig wie es das Problem selbst ist: Es kann für den einen Menschen die spontane Entscheidung des Augenblicks sein, weil er gerade eben erst grausame Berichte gehört und schreckliche Bilder gesehen hat in einer Dokumentation über die „moderne" Massentierhaltung. Die unwürdigen Verhältnisse, in denen Tiere leben und sterben müssen, kommen vermutlich häufiger vor, als wir glauben sollen. Bei einem anderen Menschen kann sich eine solche Entscheidung erst aus einem langen, viele Jahre dauernden Entwicklungsprozess ergeben. Die Lebenswege der Menschen, mit ihren Seitenpfaden, Verirrungen und Verwirrungen, sind verschlungen, und bei den Milliarden Menschen auf der Erde lassen sich keine zwei Lebenswege finden, die sich gleichen.

Wieso ernähren wir uns eigentlich nicht von Geburt an fleischlos? Warum ist es uns von Natur aus nicht so eingegeben, Tierfleisch als Nahrung abzulehnen? Dann gäbe es diesen Zwiespalt in der Ernährungsfrage überhaupt nicht. Bei den meisten Tieren ist diese Frage eindeutig geregelt: Niemals wird ein Pferd oder ein Rind etwas zu sich nehmen, was auch nur entfernt nach tierischer Herkunft riecht. Andererseits gibt es natürlich Tierarten, die Allesfresser, oder besser gesagt Allesesser sind, wie etwa manche Bären und andere Raubtiere.

Für den Menschen ist es nicht so eindeutig, aber warum ist das so? Betrachten wir allgemein das menschliche Verhalten, so fällt auf, dass es meist nicht von den angeborenen Instinkten bestimmt wird, sondern durch Anerziehung und Prägung, was je nach Kulturkreis sehr verschieden sein kann. In das jeweilige Umfeld, mit allen Traditionen, Gewohnheiten, Sitten und Gebräuchen, wird der Mensch hineingeboren und wächst darin auf. Warum sollte er an den bestehenden Normen oder der Lebensführung zweifeln und dem, was ihm Eltern, Großeltern, weltliche oder religiöse Lehrer vermitteln, nicht glauben? Er geht davon aus, dass diese Menschen es gut mit ihm meinen. Außer der Kultur, in der er lebt, kennt er nichts anderes. Er hat keine Wahl und empfindet auch kein Bedürfnis, etwas anderes zu wählen. Etwas anderes ist für ihn gar nicht denkbar.

Den kulturübergreifenden Informationsaustausch, wie wir ihn heute in der globalisierten Welt haben, gibt es, gemessen an der Menschheitsgeschichte, erst einen Augenblick lang. Davor war es für die große Masse der Bevölkerung so gut wie unmöglich, etwas über andere Kulturen, andere Lebensformen und Lebensführungen in den verschiedenen Ländern der Welt zu wissen. Die Menschen waren von Kindheit an daran gewöhnt, dass alle Fleisch essen – das war die Normalität. Noch nie hatte man etwas von Vegetariern gehört, nicht einmal dieses Wort existierte. Wie sollte man da von sich aus auf den Gedanken kommen, sich fleischlos ernähren zu wollen? Warum das Althergebrachte plötzlich infrage stellen, ohne irgendeinen Anstoß von außen?

Und doch hat es diese Menschen immer wieder gegeben! Für sie bedurfte es dieses äußeren Anstoßes nicht. Ihre Seele brachte gleichsam die Ehrfurcht vor allem Leben und die Abscheu vor jedwedem Töten schon mit in dieses Erdenleben – und damit war für eine solchermaßen wache Seele zwangsläufig der Verzicht auf den Fleischverzehr verbunden. Albert Schweitzer[1] war beispielsweise ein solcher Mensch. Er war bei Weitem nicht der Einzige – er mag hier stellvertretend für die vielen anderen stehen, in denen dies von Kind an so angelegt war.

Hermann Hesse beschreibt in seinem Gedicht „Das Leben, das ich selbst gewählt" eine Seele, die den Verlauf ihres künftigen Lebens sieht, bevor sie in die Erdenreise einwilligt. Darin ist vieles für das neue Leben festgelegt. Es bleiben aber die Spielräume, die der freien Willensentscheidung des Menschen geschuldet sind. Wie er diese nutzt, bestimmt dann letztlich den genauen Kurs seines Lebensweges – trotz aller Fixpunkte. Seine freien Willensentschei-

---

[1] *Albert Schweitzer; Die Ehrfurcht vor dem Leben; Becksche Reihe*

dungen führen ihn entweder auf den engen, schmalen, aufwärts führenden Pfad oder auf jenen „breiten Weg"[2].

Doch auch die Seelen, welche mit einer Eingebung geboren werden, wachsen zunächst in der Tradition ihrer Umgebung auf. Traditionen! Was steht nicht alles hinter diesem Wort! Das Althergebrachte soll hier nicht per se infrage gestellt werden – vieles hat sich auch bewährt und stellt Konstanten im Leben des Menschen dar, die ihm auch das Gefühl von Sicherheit geben können. Doch nicht jede etablierte Tradition vertritt von vornherein ausschließlich positive Werte.

Wir wissen nur zu genau: Der Mensch kann sich auch schlechte Gewohnheiten aneignen, und nicht wenige leiden unter traditionellen Gepflogenheiten. Dass beispielsweise in vielen, meist islamisch geprägten, Ländern junge Frauen in einem ungewöhnlich frühen Alter zwangsweise verheiratet werden, kann kaum als Positiv angenommen werden. Hier gibt es schlicht keine freie Entscheidung für die Mädchen. Ohnehin ist die Stellung der Frau im Islam nachrangig hinter dem Mann. Aber lassen wir uns nicht täuschen: Das Frauenbild der sich christlich nennenden katholischen Kirche war vom Beginn ihrer Entstehung an nicht bessergestellt und hat das Abendland geprägt. Nach Thomas von Aquin war „die Frau geradezu ein Missgriff der Natur", eine Art „verstümmelter, misslungener Mann" (zitiert nach Karlheinz Deschner). Da wundert es nicht, dass überwiegend Frauen auf den Scheiterhaufen lebendig verbrannt wurden. Und in der heutigen Zeit? Erst seit 100 Jahren gibt es in Deutschland ausgeübtes Frauenwahlrecht, und hart und lange haben Frauen dafür kämpfen müssen!

---

[2] *Matthäus 7, Vers 14*

Liebe Leser, haben Sie bitte Geduld, wenn im Folgenden Themen tangiert werden, die vordergründig nichts mit dem Grundanliegen dieses Buches zu tun zu haben scheinen. Das ist richtig so, und Sie werden es selbst noch sehen!

Denn in welcher Weise alles miteinander verwoben ist und ineinandergreift, kann man erst nach jahrelanger, intensiver Auseinandersetzung mit dieser Problematik erfassen.

Dem Menschen wohnt ein unsterblicher Geistleib inne – auch als Seele bekannt –, der seinen Ursprung im Reich Gottes hat und der auch Träger seines Bewusstseins ist. Nicht das materielle Gehirn ist der Sitz des Bewusstseins, wie es die materialistische Weltsicht fälschlicherweise behauptet. Der Autor Deepak Chopra schildert in seinem Buch „Schöpfung oder Zufall" ein Gespräch, das er mit einem bekannten Physiker über das Problem des Bewusstseins führte. Er schlug ihm vor, das doch einmal öffentlich zu diskutieren. Darauf meinte dieser nur: „Sie verstehen das nicht. Das Bewusstsein ist das Problem, das wir unter den Teppich gekehrt haben. Man diskutiert nicht darüber. Wenn ich mich darauf einließe, wäre mein berufliches Ansehen irreparabel beschädigt."

Der angesprochene Geistleib, die Seele, macht unser eigentliches Leben aus. Während der Erdenreise bildet der menschliche Körper nur das „Gefährt" für die Seele – die Seele bedient sich sozusagen nur des Körpers, um sich im materiellen Dasein ausdrücken zu können. Wir sind also nicht der Körper, sondern wohnen nur vorübergehend in ihm. Bei dem Vorgang, den die Menschen Tod nennen, verlassen wir in Wirklichkeit nur dieses irdische Gefährt, um in einer anderen Sphäre weiter zu existieren. Für die Seele gibt es keinen Tod – sie existiert ewig. In der Seele ist auch alles festgelegt, gespeichert, gleichsam eingraviert, was wir aus früheren Inkarnationen in ein neues Erdenleben mitbringen. Die Seele überträgt bei der Einverleibung diese Speicherungen auf die Gene, die eine Verbindungsstelle zum Geistigen bilden. Dadurch kann ein Mensch wieder dieselben Wesensmerkmale ausbilden wie im entsprechenden Vorleben. Oder hat er gleiche Veranlagungen oder Begabungen wie im Vorleben. Nur so sind beispielsweise die ungewöhnlichen, frühkindlichen Begabungen Mozarts erklärbar.

Von der Seele werden auch feinste Signale an den Menschen ausgesandt, die über das Gehirn laufen. Der Mensch nennt diese „Stimme" dann sein Gewissen. Dieser stille, untrügliche Mahner kommt stets aus der Wahrheit – darauf werden wir später ausführlich zurückkommen – und seine Sprache sind feinste Impulse, die wir in unserem Innern wahrnehmen, aber nicht in menschliche Worte übersetzen können. Die menschliche Sprache ist dafür viel zu grob – bei all ihrer Großartigkeit bleibt sie doch nur eine Erfindung für den Alltagsgebrauch, damit Menschen sich durch äußerliche Kommunikation miteinander verständigen können. Sie wissen selbst, wie unzureichend Sprache ist und wie oft wir „aneinander vorbeireden". Eine höhere Kommunikation – von Seele zu Seele – geschieht erst auf höherer Ebene, ohne menschliche Worte und ohne Missverständnisse.

Mit Tieren leben

Meine Entwicklung zur fleischlosen Ernährung vollzog sich über lange Zeiträume hinweg und erfolgte auf unterschiedlichen Wahrnehmungs- oder Bewusstseinsebenen. Hineinspielten einerseits die angesprochenen feinen Impulse meines Gewissens, andererseits handfeste medizinische Erwägungen. Für mich besteht kein Zweifel daran, dass dieser gesamte Entwicklungsprozess einer der entschiedensten in meinem Leben war, denn dabei ging es nicht einfach nur um die praktische Nahrungsumstellung auf fleischlose Kost.

Da – wie bei jedem Menschen – mein persönlicher Entwicklungsverlauf in meine Familiengeschichte eingewoben war und ist, sehe ich meinen Werdegang nicht erst mit meinem Eintritt in dieses Erdenleben beginnend, sondern begreife auch frühere Einflüsse als maßgeblich, beispielsweise die Jahre des 1. Weltkriegs:

Am 30. Oktober 1914 fiel mein leiblicher Großvater, Konrad Fischer, im Alter von 35 Jahren bei Morsan in Nordfrankreich – so wurde es seiner Frau, meiner Großmutter, durch den Kommandanten des Reserveinfanterieregimentes Nr. 32 mitgeteilt. Wie meine Nachforschungen ergeben haben, sollten in jenen Tagen dort heftige Kämpfe getobt haben. Der Moloch Krieg hatte der Frau den Ehemann, zwei kleinen Söhnen den Vater und dem Hof den Bauern weggenommen – einfach so, „nachmittags um 17:15 Uhr" stand in dem Mitteilungsschreiben und „Gefallen für das Vaterland", wie es damals hieß, und „Auf dem Felde der Ehre!"

Die kleinen Söhne hießen Heinrich und Hans. Heinrich, der Ältere, der 25 Jahre später mein Vater werden sollte, wurde vier Tage nach diesem Ereignis, am 3. November, fünf Jahre alt. Ob er es wohl begriff, als man ihm sagte: „Dein Vater kommt nicht wieder!"? Wie war wohl seiner Mutter zumute, die in die Familie ihres Mannes eingeheiratet hatte und nun mit dem Hof und den beiden Kleinkindern alleine dastand? Nur ihre Schwiegermutter war noch da, um mitzuhelfen – sie starb erst 1926. Der Schwiegervater war bereits 1908, im Alter von 50 Jahren, an einer Lungenentzündung gestorben. Die drei Brüder ihres gefallenen Mannes waren alle im Krieg – und kein Mann konnte die schwere Feldarbeit mit den Pferden leisten. Welch eine Katastrophe für die beiden Frauen! Nie habe ich meine Großmutter gefragt, wie sie das damals alles bewältigt hat und wie ihr zumute war – warum bloß nicht?

So trug der Krieg Zerstörung und Elend von den Schützengräben bis in die zurückgebliebenen Familien hinein. Bis heute sind die Menschen daraus nicht klüger geworden: Sie rüsten und rüsten auf, immer noch! Das Schlimme dabei ist, dass die meisten Verantwortlichen sich „christlich" nennen oder sich zu einer Kirche bekennen, die sich christlich nennt. Unbegreiflich angesichts dessen, dass der große Menschheitslehrer, Jesus Christus, der vor 2.000 Jahren durch den Sand von Galiläa schritt, die vollkommene Gewaltlosigkeit lehrte und vorlebte. Ist das alles in Wahrheit nicht ein riesiger Etikettenschwindel?

Die drei Brüder meines zurückgebliebenen Großvaters hatten die Weltkatastrophe, zwar teils mit erheblichen Verwundungen, aber doch lebend, überstanden. Die beiden Älteren waren bereits bei Kriegsbeginn verheiratet gewesen und kehrten 1918 zu ihren Familien zurück. Als nun der Jüngste, Johannes Fischer, im Alter von 23 Jahren ebenfalls zurückkam und feststellen musste, dass ihm seine Jugendliebe nicht die Treue gehalten hatte, heiratete er die Witwe, seine 15 Jahre ältere Schwägerin. So wurde der einstige Onkel den Kindern Heinrich und Hans zum Vater. Eine Liebesheirat war das vermutlich nicht, eher eine Entscheidung der Vernunft. Aber so konnte der Hof weiter bestehen und die Halbwaisen hatten wieder einen Vater. Dieses ungleiche Ehepaar bekam noch den gemeinsamen Sohn, Georg. Mein eigentlicher Großonkel Johannes war durch diese Heirat zu meinem Großvater geworden – ein besser Großvater hätte er nicht sein können.

Heinrich Fischer heiratete zu Silvester 1938 Maria Glebe und zog in das Haus ihrer Familie ein, zu dem eine Nebenerwerbslandwirtschaft in Aua gehörte, an der Landstraße gelegen. Am 11. Oktober 1939 wurde ich als deren Sohn geboren.

Über Europa hatten sich schon wieder dunkle Wolken ausgebreitet: Sechs Wochen bevor ich zur Welt kam, war Hitler in Polen einmarschiert und hatte damit die zweite große Katastrophe des 20. Jahrhunderts in Gang gesetzt. Es waren gerade einmal 21 Jahre vergangen, seitdem die erste Katastrophe beendet worden war. Wieder mussten die jungen Söhne von Müttern, die um deren Leben bangten, zwangsweise hinaus – aber nicht, um das Vaterland zu verteidigen, sondern es war vielmehr der Größenwahn eines Einzelnen und seiner Gefolgschaft, der ein ganzes Volk terrorisierte. Der Krieg weitete sich aus, und bald wurde auch mein Vater eingezogen.

Im Sommer 1941 starb die Mutter meiner Mutter im Alter von 60 Jahren. Die Todesursache war nicht bekannt, sie hatte ihr Leben lang nie einen Arzt aufgesucht. Wie ich den späteren Erzählungen meiner Mutter entnehmen konnte, hatten sie sich gut verstanden. Diese Großmutter hatte auch ihren Schwiegersohn liebevoll in die Hausgemeinschaft aufgenommen – zu dieser Zeit lebten normalerweise alle Menschen in einer Großfamilie zusammen.

Wieder brachte ein mörderischer Krieg großes Chaos und Leid in das Leben vieler Menschen – so auch in das Leben meiner Mutter, die obendrein den frühen Tod ihrer eigenen Mutter zu betrauern hatte und mit mir, einem Kleinkind von nicht einmal zwei Jahren, und der kleinen Landwirtschaft praktisch alleine dastand. Das hieß, fast jeden Tag Kühe anschirren, anspannen, auf eine Wiese fahren, mit der Sense frisches Gras für die Tiere mähen und wieder nach Hause fahren. Zwei Milchkühe und etliche Schweine mussten täglich versorgt werden, von der anstehenden Feldarbeit gar nicht zu reden: mit den Fahrkühen stundenlang pflügen! Wo sollte in dieser Zeit das kleine Kind bleiben? Zwar lebte mein Großvater noch, aber wegen seines stets kränkelnden Zustandes war er eher eine zusätzliche Last als eine Hilfe.

*

Im darauffolgenden Sommer machte Johannes Fischer, der Schwiegervater meiner Mutter, das Angebot, zu ihnen ins Dorf zu ziehen, samt allen Tieren. Er könnte es nicht mit ansehen, wie sie sich alleine abquälte. Er schlug vor, alles gemeinsam zu bewirtschaften. So wurde das große, alte Bauernhaus in der Dorfmitte, mit der Hausnummer 3, welches das Elternhaus meines Vaters war, auch zu meinem, erstmals bewusst erlebten Zuhause.

Meinem Vater gelang es, sich der weiteren amerikanischen Kriegsgefangenschaft, während eines Gefangenentransportes, bei einem Halt im Bahnhof Bebra, durch Flucht zu entziehen. Auf verschlungenen Wegen kam er eines Nachts 1945 nach Hause. Unsere kleine Familie war wieder komplett, doch wir blieben noch weitere zwei Jahre im Haus der Fischers. Durch die Zerstörungen in den Städten, infolge alliierter Fliegerbomben, bestand große Wohnungsnot. Hinzu kamen noch die Heimatvertriebenen aus dem Osten. Infolgedessen war das verlassene Gelbe'sche Haus, das unten an der Landstraße lag, von ausgebombten Familien aus dem Ruhrgebiet belegt. Als meine Eltern 1947 dahin zurückkehren wollten, hatten sie Mühe, wenigstens die untere Etage wieder für sich freizubekommen.

In diesem Herbst wurde ich schon 8 Jahre alt. Für mich war diese Rückkehr auf den kleinen Glebe'schen Hof sehr befremdlich, denn ich fühlte mich dem Dorf verbunden, dort fühlte ich mich zu Hause. Ich vermisste meinen Großvater. Das, was Kindheit ausmacht, hatte ich alles dort erlebt – dass dies nicht mein wirkliches Zuhause war, wusste ich bis dahin gar nicht. Ich konnte es auch nicht begreifen. Der Umzug war für mich schmerzlich.

In meinem Buch „Behütete Kindheit in dunkler Zeit"[3] habe ich diese Kindheit in dem Dorf, das noch diesen Namen verdiente, ausführlich beschrieben. Hier möchte ich nur das erwähnen, was zu meinem Grundanliegen dieses Buches führt: Die Haltung von Tieren aller Art war auf einem Bauernhof mittlerer Größe in der damaligen Zeit selbstverständlich. Eine Idee von Optimierung, sowohl der Haltung als

---

[3] *tao.de 2017*

auch der Erträge, existierte noch nicht. Kaninchen, Hühner, Gänse, Schafe, Schweine, Rinder, Pferde – alles war bei uns vertreten. Die Pferde waren reine Arbeitspferde – schwere Kaltblüter. Im ganzen Dorf gab es zu der Zeit meiner frühen Kindheit nicht einen einzigen Traktor. Hühner und Gänse genossen stets völlig freien Auslauf auf allen Hofflächen und den angrenzenden, eingezäunten Weiden, auf denen auch die Schafe standen – wegen der Wolle waren die Schafe unentbehrlich. Die Kühe dienten der Milchwirtschaft, die monatlich einen festen Betrag einbrachte. Die nachwachsenden Kälber wurden meist verkauft, nur gelegentlich schlachteten wir eines für den Eigenbedarf. Die großen Kühe und Pferde wurden von uns nicht geschlachtet, sondern blieben für die Arbeit und die Zucht am Leben – alle anderen Tiere standen auf unserem Speiseplan.

*

Der jüngste Bruder meines Vaters, Georg, kehrte kurz nach Kriegsende zurück. Aus Italien hatte er sich bis zu uns durchgeschlagen, ohne gefangen genommen zu werden. Mein Onkel Hans wurde erst 1948 aus französischer Gefangenschaft entlassen. Die bei uns lebenden Geflüchteten zogen nach und nach wieder in ihre Heimat, ins Ruhrgebiet, zurück, bis auf eine alleinstehende Frau, die bei uns blieb.

Letztlich saß eine stattliche Anzahl von Essern um unseren Bauerntisch, und dafür mussten eine Menge Lebensmittel herbeigeschafft werden. Glücklicherweise litten wir nie akute Not, im Gegensatz zu den vielen Menschen in den Städten – wo, wenn nicht auf einem gut bewirtschafteten Bauernhof, war genug Nahrung vorhanden! Aufgrund der allgemeinen, miserablen Versorgungsnotlage kamen jedoch regelmäßig staatlich bevollmächtigte Kontrolleure auf den Hof und beschlagnahmten einen Teil unserer Vorräte. Noch heute habe ich Begebenheiten in Erinnerung, bei denen es die Bauern geschafft hatten, der Kontrolle geschickt zu entgehen. Wir litten also nicht Hunger.

Was den Fleischverzehr betraf: Braten gab es meist nur sonntags, während an den Wochentagen meist Suppe gekocht wurde. Die Suppen enthielten stets einen Anteil Fleisch oder ein ordentliches Stück Wurst – ohne tierisches Fett waren Suppen gar nicht denkbar. Auch zum morgendlichen Frühstück und auf jeden Fall zum Abendessen gehörte fast immer Wurst dazu. Kaninchen, Hühner und Gänse wurden nach Bedarf ganzjährig geschlachtet, Schweine nur immer Winter – meist zwei, die übrigen wurden verkauft.

*

Im Winter, wenn in der Natur Ruhe eingekehrt war, zog sich die Arbeit in die Ställe und Höfe zurück. Es wurde alles etwas beschaulicher. Mein Großvater beispielsweise betätigte sich in der kalten Jahreszeit als Hausmetzger im Dorf. Ich habe ihn nie gefragt, wo er das gelernt hatte, doch er besaß alle notwendigen Gerätschaften dafür. Selbstverständlich erledigte er auch unsere eigenen Schlachtungen, inklusive der Weiterverarbeitung des Fleisches.

Soweit ich zurückdenken kann, war es für mich selbstverständlich, dass er über den Winter bei vielen im Dorf diese Arbeiten erledigte. Vor meiner Schulzeit ging ich jeweils am späten Vormittag zum Hof einer Schlachtung, um auf keinen Fall das Mittagsmahl zu verpassen – wo mein Großvater war, wurde ich selbstverständlich nicht fortgeschickt.

Diese Schlachttage waren für mich immer Festtage. Die frischen Frikadellen waren eine Delikatesse – nie wieder in meinem späteren Leben haben sie so geschmeckt wie in meiner Kindheit. Fragte mich einmal jemand nach meiner Leibspeise, so war meine Antwort ohne zu zögern: „Was Opa macht!" Wurde bei uns zu Hause geschlachtet, halfen Verwandte aus dem Nachbarort mit, denn es war harte Arbeit. Zum Abendessen kam noch die Nachbarschaft hinzu, und es wurde alles aufgetischt. Dann konnte es richtig spät werden, bis die Letzten gingen.

Diese Festmahle waren kaum zu überbieten, und von Not war für mich nichts zu spüren. Auch wenn das Schicksal in manchen Häusern unerbittlich zugeschlagen hatte und die Nachricht kam, der Sohn oder der Ehemann würde nicht mehr zurückkehren – „auf dem Felde der Ehre ...", zu wessen Ehre? – wusste ich, als kleines Kind, nichts von dieser Art Not.

Ich erinnere mich noch gut an die erste von mir bewusst miterlebte Tötung eines Schweins: An diesem Tag stand ich früh auf, um dabei zu sein. Man hatte mir am Abend vorher gesagt, ich sollte das Schwein am Ringelschwanz festhalten, und ich hatte es als eine mir zugewiesene, notwendige Aufgabe angesehen und rechtzeitig geweckt werden wollen. Man würde schon beginnen, kaum dass es hell genug wäre. Alles spielte sich auf unserem Hinterhof ab, zwischen dem Wohnhaus und den Wirtschaftsgebäuden. Ein Bolzenschussgerät zum Betäuben der Tiere besaß mein Großvater damals noch nicht, daher erfolgte das Betäuben durch einen wuchtigen Schlag gegen den Tierschädel mit dem Rücken einer schweren Axt. Ich hielt das Schwein fest am Schwanz, der mächtige Schlag saß, und das Tier fiel betäubt um. Jetzt wurde es „abgestochen", wie Metzger es nannten, das hieß, die Halsschlagader wurde durchtrennt und das Tier blutete aus. Danach erfolgte das Abbrühen und Entfernen der Borsten, anschließend die Entnahme der Eingeweide.

Wir alle aßen Fleisch und Wurst – eine Selbstverständlichkeit, die von niemandem infrage gestellt wurde, von mir schon gar nicht. Keiner von uns hatte je von der Möglichkeit einer anderen Ernährungsweise gehört. Für mein damaliges, kindliches Verständnis kam der Umstand verstärkend hinzu, dass mein Großvater die entscheidende, prägende männliche Bezugsperson meiner ersten Lebensjahre war – vermutlich auch dann noch, als mein Vater schon heimgekehrt war. Alles, was mein Großvater tat, war aus meiner Sicht gut, richtig und notwendig. Dass dieser Mann auch Tiere schlachtete, damit wir Fleisch und Wurst hatten, war in meinem Empfinden ein ganz und gar natürlicher Vorgang. Forsche ich heute in meiner Erinnerung, beispielsweise an die eben beschriebene Tötung des Schweins, kann ich nicht feststellen, dass das Erlebnis mich innerlich bewegt oder meine Abscheu erregt hätte. Das Tier war ja schließlich zu diesem alleinigen Zweck, uns als Nahrung zu dienen, gemästet worden. Ich sah es als den Lebenszweck und die Bestimmung des Tieres an. Und der Mensch, der es tötete, besaß mein unerschütterliches Vertrauen.

Die Mensch-Tier-Beziehung

So, wie die Masttiere auf den Höfen in der damaligen Zeit gehalten wurden, waren sie von uns Menschen abgeschirmt. Sie lebten überwiegend in Ställen und wurden dreimal täglich gefüttert – mit der alleinigen Zweckbestimmung der Nahrungsmittelerzeugung. Tiere wurden zu reinen Produkten degradiert, und überdies entstand keinerlei Beziehung zwischen Menschen und Tieren.

Ganz anders empfand ich es dagegen, ein Tier als Gefährten zu haben, wie unseren Hofhund Bello. Er lebte ganz selbstverständlich mit uns zusammen im Haus, ich wuchs sozusagen zusammen mit ihm auf. Wie meine Mutter mir später erzählte, ließ er sich von mir alles gefallen. Am Schwanz durfte ich ihn sogar durch die ganze Stube ziehen. Leider wurde er eines Tages auf der Straße von einem Auto erfasst und tödlich verletzt. Noch heute weiß ich, wie sehr ich um ihn geweint und getrauert habe. Dieser Hund war mir ein treuer, lieber Gefährte gewesen, und ich vermisste ihn, nicht etwa wie ein Spielzeug, dass ja nur ein toter Gegenstand ist, sondern wie einen lebendigen Freund. Bello war ein Haustier gewesen, zu dem über viele Jahre hinweg eine enge Beziehung entstanden war – ein Lebewesen.

Betrachte ich nun noch einmal das getötete Schwein – als Lebewesen: Es war sicher nicht weniger intelligent als mein Hund und wahrscheinlich nicht weniger fühlend als dieser. Auch ein Schwein hat Empfindungen, denn es weiß zu unterscheiden, ob es sich wohlfühlt oder unbehaglich, ob es Angst hat und so weiter. Außerdem haben wissenschaftliche Experimente gezeigt, dass Schweine sogar sehr lernfähig sind. Dennoch bestand in mir als Kind keinerlei Konflikt, wenn ich um das eine Tier trauerte und den Tod des anderen Tiers ohne Anteilnahme billigte.

Heute ist mir klar: Erst dann, wenn wir zu einem Tier eine nähere Beziehung aufbauen, nehmen wir es überhaupt als lebendiges Wesen wahr, mit dem wir mitfühlen. Ein Mann aus unserem Dorf – er war stolzer Besitzer eines außergewöhnlich schönen und folgsamen Jagdhundes – sagte mir einmal, er könnte eher einen Menschen erschießen als diesen Hund. Das zeugte von den tiefen Gefühlen, die er für seinen vierbeinigen Begleiter hegte. Doch auch für ihn bestand keinerlei Grundkonflikt, wenn andere Tiere zu Nahrungszwecken getötet wurden – denn der Mann war Fleischesser.

Hierzu noch ein weiteres Bild aus meiner Erinnerung: Auf den größeren Höfen wurden schwere Arbeiten von Pferden erledigt, doch um ein Pferd zu ernähren, waren einige Morgen zusätzliches Land notwendig. Da die kleineren Betriebe nicht genug Land hatten, übernahmen Kühe diese Aufgaben. Sie wurden besonders angelernt, den Wagen oder den Pflug zu ziehen, und gaben darüber hinaus noch Milch. Auch unser kleiner Hof wurde mit zwei solchen Fahrkühen bewirtschaftet.

Meine Mutter hatte im Umgang mit den Fahrkühen eine glückliche Hand, sie sprach mit ruhiger Stimme mit ihnen, und sie folgten ihr aufs Wort. Nie habe ich erlebt, dass die Tiere von ihr geschlagen wurden. Wenn sie einmal zu langsam gingen, gab meine Mutter ihnen einen leichten Klaps mit der Peitsche, der jedoch den Tieren nicht wehtat. Es bedeutete lediglich so viel wie: „Nun schlaft nicht ein!" Meist genügten auch einige aufmunternde Worte. Die Tiere vertrauten ihr und waren ihr treu ergeben.

In meiner Erinnerung war es ganz selbstverständlich, mit den Tieren sorgsam umzugehen und sie nicht zu überfordern. Oft habe ich diese Kühe selbst angeschirrt und vor den Wagen gespannt, um hinaus aufs Feld zu fahren: Geduldig blieb die erste Kuh neben der Deichsel stehen und rührte sich nicht, bis auch die zweite aus dem Stall hinzukam. In aller Ruhe befestigte ich die Ketten, die vorderen zum Lenken der Deichsel und die hinteren Zugketten. Von allein gingen sie keinen Schritt, erst wenn das entsprechende Kommando kam, setzten sie sich in Bewegung.

Durch diesen engen Kontakt entstand begreiflicherweise eine ganz andere Nähe als zu den reinen Masttieren. War aber eine Fahrkuh letztlich für die Arbeit zu alt und zu schwach geworden oder wurde sie nicht mehr trächtig, dann musste sie gehen. Sie hatte ihrer Herrschaft lange treu gedient. Da sie nun nicht mehr nützlich war, wurde sie vom Viehhändler abgeholt. Ich weiß noch genau, dass meine Mutter diese Stunde immer nur schwer ertragen konnte. Meist ging sie vorher aus dem Haus, um nicht dabei zu sein, wenn das Tier den Hof verließ. Einmal hatte sie sogar Tränen in den Augen. Andererseits geriet auch sie offensichtlich in keinen Konflikt, einerseits eine Kuh zu beweinen und andererseits die Schweine zu mästen und schlachten zu lassen. Allerdings weiß ich das nicht mit Sicherheit und kann sie dazu nicht mehr befragen. In meiner Erinnerung fällt mir jedoch auf, dass meine Mutter beim Töten der Tiere selbst nie zugegen war, sondern erst dabei war, wenn das Fleisch verarbeitet wurde. Was sie wohl wirklich dabei empfunden hat?

*

An diesen drei Beispielen soll nur gezeigt werden, dass wir Menschen immer erst dann, wenn eine nähere Beziehung zu einem Tier entsteht, dieses als lebendes Wesen und als fühlendes Mitgeschöpf erkennen. Ging bereits früher, auf den Bauernhöfen, dieser mitfühlende Bezug zu den Tieren verloren, die zu Nahrungszwecken gemästet wurden, dann besteht dieser wichtige Bezug in der heutigen Zeit erst recht nicht mehr. In der Anonymität der Massentierhaltung und den im Verborgenen stattfindenden Massentötungen am Fließband verschwindet jede Ahnung des Lebendigen. Aber welch ein Aufschrei, wenn im Fernsehen gezeigt wird, wie etwa eine mutige, ehrliche Köchin einer Schulklasse das Schlachten eines Kaninchens vorführt, um den Kindern drastisch zu verdeutlichen, dass es anders keinen Braten gäbe. Schließlich wird ja das fertige Kotelett an einer sauberen, sterilen Fleischtheke angeboten, während alles dazu Notwendige – wie Mästen und Schlachten – dem Verbraucher verborgen bleibt. Das Unangenehme soll sozusagen im Geheimen geschehen, als würde es gar nicht geschehen. In früheren Zeiten, als es noch keine Schlachthöfe gab, wurden die Tiere überall in der Stadt, auf den Hinterhöfen oder sogar auf offener Straße geschlachtet. Der notwendige Vorgang war für jedermann einsehbar, auch für die Kinder. Schließlich wollten doch alle den Braten!

Manch einer würde vermutlich auf diesen Braten verzichten, sollte er vorher alle dazu erforderliche Drecksarbeit selbst verrichten. Aber diejenigen, die sich dafür für zu fein halten und deshalb diese Arbeit andere tun lassen, sollen sich nicht täuschen: Ihr Verlangen nach Fleisch verursacht ja erst den Tiermord.

Von Leo Tolstoi ist folgende Anekdote überliefert: Eine Tante weilte zu Besuch und hatte sich einen Truthahnbraten zum Mahl gewünscht. Doch auf dem Tisch lag nur das Messer und Tolstoi bemerkte dazu, der Hahn liefe noch draußen herum, sie müsste ihn schon selber schlachten.

*

So, wie ich als Kind aufwuchs, hatte ich keinen Grund, an den übernommenen Traditionen zu zweifeln, an den Essensgewohnheiten schon gar nicht, denn Fleisch und Wurst schmeckten mir vorzüglich. In meinem Wesen war offenbar auch kein Widerstand gegen das Töten der Tiere angelegt – so glaubte ich jedenfalls. Als mein Großvater älter wurde, unterließ er immer mehr die Hausschlachtungen auf anderen Höfen und sorgte lediglich noch für den Bedarf der Familien seiner Söhne. Die Schlachtschweine früherer Zeiten hatten ein anderes Gewicht als heute, sie wogen mehrere Zentner. Da war das Schlachten, mit allen zugehörigen Verarbeitungsschritten, für einen Metzger harte Knochenarbeit. Als die Kräfte meines Großvaters soweit nachgelassen hatten – immerhin war er 70 Jahre alt – , dass er eines Tages meinte, diese Arbeit werde ihm zu schwer, fragte er mich, ob er mir die nötigen Kenntnisse zum Schlachten, Zerlegen und Verarbeiten vermitteln sollte, solange er dazu noch in der Lage sei. Anderenfalls müssten wir uns bald nach einem neuen Metzger umschauen.

Was also tun? Wir berieten zusammen in der Familie: Einen fremden Metzger ins Haus zu holen, waren wir nicht gewohnt, und mir persönlich – ich war inzwischen 26 Jahre alt – widerstrebte diese Vorstellung. Auch sagte ich mir, wer Fleisch essen will, dürfe sich nicht zu fein vorkommen, alle Drecksarbeit selbst auszuführen. Mein Großvater wäre jetzt noch in der Lage, mich einzuweisen. Mein Vater gab zu bedenken: „Überlege dir, ob du Tiere umbringen willst." Doch für den in seiner Frage aufschimmernden Vorbehalt hatte ich kein Verständnis, da er ja selbst Fleisch und Wurst aß. Ich war der Meinung: Der Esser ist nicht „besser" als der Metzger. Ob sich mein Großvater jemals darüber Gedanken gemacht hatte oder in einen inneren Konflikt geraten war, entzieht sich leider bis heute meiner Kenntnis. Genau erinnere ich mich jedoch an eine seiner Äußerungen, nach der nichts Unreines (Böses) in den Mund eingehe, sondern nur herauskäme. Er berief sich dabei wohl auf die fast gleichlautende Aussage von Jesus in Matthäus 15, Vers 11.

Als Familie fassten wir den Entschluss: Bei der nächsten Schlachtung sollte ich von meinem Großvater angelernt werden. Inzwischen gab es ein Bolzenschussgerät zum Betäuben, und in meiner Vorstellung stellte ich mir alles reibungslos und unproblematisch vor. Schließlich war ich oft genug dabei gewesen. Doch bereits der Vorbereitungstag fühlte sich für mich völlig anders an, als ich es bisher gewohnt war. Ich befand mich innerlich in einem angespannten Zustand, hatte ständig den kommenden Morgen vor Augen und fühlte mich unwohl dabei. Bisher hatte mir das Tieretöten nichts oder so wenig ausgemacht, dass ich es nicht wahrgenommen hatte. Doch jetzt wurde mir überdeutlich, welchen Unterschied es machen würde, einem Tier mit meiner eigenen Hand das Leben zu nehmen. Die ganze Nacht über schlief ich unruhig.

Der nächste Morgen kam. Als ich auf den Hof trat, kochte das Wasser zum Abbrühen bereits im Kessel. Das Schwein nahm den kurzen Weg vom Stall bis zum überdachten Teil des Hofes – ein paar wenige Schritte in eine für das Tier fremde Umgebung, denn es war noch nie draußen gewesen. Wir achteten darauf, dass es sich nicht aufregte, indem wir es durch geeignete seitliche Absperrungen nach draußen zu lotsen. Ohne jeden Widerstand folgte uns das ahnungslose Tier – ganz im Gegensatz zu mir, der ich plötzlich den allergrößten inneren Widerstand empfand. Nach dem Motto „Augen zu und durch!" musste ich diesen Widerstand nun überwinden, und es ist bis heute kaum möglich, näher zu beschreiben, wie ich das innerlich bewältigte. Ich tat etwas, gegen das sich in mir alles sträubte: Betäuben, Abstechen, Ausbluten lassen, alles machte ich wie automatisch, wie ein Roboter unter der Anleitung meines Großvaters. Damit war für mich der schwerste Teil getan: dem Tier seinen Atem zu nehmen.

Alles Weitere verlief dann entspannter, allerdings war das Ausnehmen eines so großen Tieres für mich als Anfänger nicht so einfach, denn bisher hatte ich immer nur zugeschaut. Am Abend war alles verarbeitet, und ich fertigte über alles Aufzeichnungen an, für meinen nächsten Einsatz auf dem Hof meines Onkels Hans.

Für unseren Eigenbedarf schlachtete ich auch Hühner, Kaninchen und Schafe. Mit den Jahren stellte sich eine gewisse Routine bei den Verarbeitungsprozessen ein, an eines konnte ich mich allerdings nie gewöhnen – der Leser weiß es schon: das Geschöpf vom Leben zum Tod zu befördern. Dieser Moment blieb für mich die größte Schwierigkeit. Der innere Widerstand schwächte sich niemals ab, eher das Gegenteil war der Fall. Viele Jahre habe ich damit gelebt und gegen diese „innere Stimme" gehandelt. Als mein Großvater im 74. Lebensjahr – am 15. Juli 1969 – starb, hatte ich auch diese Stütze nicht mehr zur Seite.

Die „innere Stimme"

Erst viel später wurde mir bewusst, was dieser innere Widerstand bedeutete, woher er kam und was sich eigentlich dahinter verbarg: jenes, von den Materialisten bis heute so verzweifelt, jedoch erfolglos gesuchte Organ, das man „Gewissen" nennt. Seine Einsprache war eindeutig, doch ich habe sie überhört. Die Stimme des Gewissens ist fein und zart und nicht im menschlichen Ohr vernehmbar. Der Lehrer in unserer kleinen einklassigen Volksschule, die ich acht Jahre lang besucht habe, hatte im Religionsunterricht mehrmals mit uns Schülern über diese innere Stimme gesprochen. Redlich hatte sich dieser Mann bemüht, den ihm anvertrauten jungen Menschen nicht nur notwendiges Wissen zu vermitteln, sondern auch Werte, im Sinne des wahren, höheren Menschentums, wie es Jesus gelehrt hatte. Auf diese feine Stimme in uns sollten wir stets hören, hatte er gemahnt, denn diese wollte uns vor bösem Tun bewahren.

Die starke Tradition und die auch in mir verwurzelte Ansicht, Fleisch sei für unsere Ernährung absolut notwendig, haben mich diese innere Stimme überhören lassen. Das ging so lange gut, bis mich im Alter von 43 Jahren meine eigenen Körperkräfte auf unerklärliche Weise verließen – rapider Kräfteverfall ohne jegliche medizinische Diagnose. Ich war hilflos und verlor jeden Mut. Schließlich wusste ich nicht mehr, wie es weitergehen sollte. In dieser Zeit fiel mir ein Buch in die Hände, in dem von den positiven Wirkungen des Hatha-Yoga auf den gesamten Menschen berichtet wurde. Für mich war das der rettende Strohhalm.

Im Sommer 1984 reiste ich für drei Wochen mit der Bahn nach Ponte Tresa im südlichen Tessin, um die Yoga-Schule des Inders Selvarajan Yesudian zu besuchen.

Neben vielen Einzelheiten, die für unser Thema nicht von Belang wären, möchte ich hier nur auf einen Sachverhalt eingehen: Yesudian wies darauf hin, dass alle Yoga-Meister – wie er auch selbst – keine tierische Nahrung zu sich nähmen und ihren Schülern auch zu dieser Ernährungsweise rieten. Tierische Nahrung würde ein Hindernis für die menschlichen Seele auf dem Weg ihrer Höherentwicklung darstellen. Yesudian stellte indes keine Forderungen an seine Schüler, er sagte nicht etwa: „Ihr dürft kein Fleisch mehr essen!", sondern klärte sie lediglich über höhere Gesetzmäßigkeiten auf – welche den meisten Menschen damals unbekannt waren und auch bis heute sind. Wie seine Schüler es dann halten wollten, mussten sie selbst frei entscheiden.

So war auch ich zum ersten Mal in meinem Leben vor diese Entscheidung gestellt. Für mich entstand eine völlig neue Situation: Noch nie hatte ich eine Vorstellung davon vermittelt bekommen, tierisches Fleisch könnte nicht zum Speiseplan des Menschen gehören. Ich erfuhr erst jetzt von dem jahrtausendealten Wissen, tierische Nahrung wäre dem Menschen nicht zuträglich, vor allem nicht der ihm innenwohnenden Seele. Alles Übrige, was ich durch die Vorträge und die Praxis in diesen drei Wochen lernte, war für mich ebenfalls völlig neu und beeindruckte mich tief. Es war, als öffnete sich mir eine Tür in eine andere, bisher verborgene Welt. Sowohl seelisch als auch für meinen kraftlosen Körper schöpfte ich neue Hoffnung und entschloss mich, den Weg des Hatha-Yoga auch in meiner Heimat fortzusetzen. Tatsächlich fand ich, bald nach meiner Heimkehr, in Fulda einen hervorragenden Yoga-Lehrer, dessen Übungsstunden ich regelmäßig besuchte.

*

Nun hatte ich zwar von kompetenter Seite bereits den Hinweis auf fleischlose Ernährung erhalten, änderte meine Lebensweise aber trotzdem nicht. Der „innere Mensch" in mir war offenbar noch nicht dazu bereit. Es bedurfte dazu eines noch massiveren Anstoßes, der auch bald kam. Mein Yoga-Lehrer war hervorragend. Wie ich erst mit der Zeit feststellte, genoss er internationales Ansehen auf diesem Gebiet. Seine Übungsstunden waren jeweils geteilt: Die erste Hälfte körperliche Übungen des Hatha-Yoga, die zweite Hälfte Yoga-Philosophie – geistiger Yoga, wie ich es bezeichne – zum Auftanken für die Seele. Oft brachte der Lehrer neue Anregungen in unsere Übungsgruppe. Einmal führte er uns in die Kinesiologie ein, und wir übten untereinander den sogenannten „Muskeltest". Ein andermal erzählte er uns von der japanischen Heilmethode JIN SHIN JYUTSU, die von dem Biologen und Heilpraktiker Peter Bernickel in Bonn praktiziert würde. Dabei würde durch Berührung bestimmter Meridianpunkte der Energiefluss in den Körpermeridianen – Energiebahnen – angeregt. Für Interessierte böte dieser Heilpraktiker Kurse zur Unterweisung in dieser Methode an.

Zum nächstfolgenden Termin meldete ich mich zu einem zweitägigen Kurs in Bonn an. Für mich war gleichzeitig noch eine gründliche Untersuchung eingeplant. Als Biologe führte Herr Bernickel Untersuchungen durch, die nicht zum Standardprogramm der Schulmedizin gehörten, so etwa spezielle Blutuntersuchungen. Seine Diagnose: Mein Körper

30

verarbeitete tierische Eiweiße nicht in der notwendigen Weise, was zu einer Eiweißspeicherkrankheit führte. Das war die wesentlichste Erkenntnis, und sein Therapievorschlag lautete: Unbedingter Verzicht auf alle tierischen Eiweiße – Fleisch, Käse, Eier! – ab sofort!

Nach dem ersten, von mir nur zögerlich aufgenommenen Hinweis durch Yesudian im Tessin, kam nun diese unmissverständliche Mahnung. Ob dies nun Zufall war oder Fügung, darüber machte ich mir damals keinerlei Gedanken. Jedenfalls konnte ich angesichts des konkret nachgewiesenen Zusammenhangs zwischen meinem desolaten Gesundheitszustand und der möglichen Ursache des Verzehrs von tierischer Nahrung die implizite Aufforderung, meine Ernährungsweise radikal umzustellen, nicht mehr in den Wind schlagen. Also strichen wir – ich war inzwischen verheiratet – von einem Tag auf den anderen alle tierischen Lebensmittel von unserem Speiseplan. Für meine Frau war dies kein Problem, da sie von Natur aus zu fleischloser Kost neigte. Erst nach vielen Jahren, als es mir deutlich besser ging, ließ ich wieder etwas Käse und Eier zu.

Unsere kleine Landwirtschaft war im Zuge des allgemeinen Höfesterbens mit der Zeit stetig geschrumpft und bestand zum Zeitpunkt meiner Nahrungsumstellung nur noch aus einer kleinen Schafherde. In den vergangenen Jahren waren deshalb auch nur noch Schafe geschlachtet worden – nicht von mir, sondern von einem in der Nachbarschaft wohnenden Metzger. Der Verzicht auf alle Nahrungsmittel tierischen Ursprungs erfolgte bei mir aus rein gesundheitlichen Gründen. Wurde ich bei gesellschaftlichen Anlässen gefragt, warum ich kein Fleisch äße, so war meine Antwort klar: „Mein Körper verarbeitet kein tierisches Eiweiß." Da gab es keine weitere Diskussion. An meiner Entscheidung war zunächst keine Spur ethischer Überlegungen zu finden, doch mit dem eingeschlagenen Weg wurde eine Entwicklung in diese Richtung in Gang gesetzt, die noch völlig unvorhersehbar und nicht im Geringsten beabsichtigt war.

Meine körperliche Schwäche hat mich bis ins Mark getroffen. Ich habe mein Ende kommen sehen und mich ernsthaft gefragt, ob das nun schon alles gewesen wäre. Diesen Zustand nachzuempfinden, vermag nur jemand, der Gleiches oder Ähnliches durchlebt hat. Aus tiefem inneren Antrieb suchte ich nach dem verborgenen Sinn, der hinter allem stände. Diese Suche durfte selbstverständlich nicht oberflächlich verlaufen und sollte auch keine Eintagsfliege sein. In kleinen „Portionen", so wie ich es gerade verstehen oder aufnehmen konnte, fielen mir dann auch die Antworten auf meine Fragen zu. Begonnen hatte dieser Prozess bereits bei Yesudian im Tessin und setzte sich über Jahre fort. Es war eine Art geistiger Reise, eine umfassende Einführung in die Geistlehre, die frei von aller religiösen Dogmatik war. Ich erlebte an mir selbst die Bestätigung der Worte Jesu: „(...) sucht, dann werdet ihr finden (...)", gemäß Matthäus 7, Vers 7.

*

Wo ich die Antworten auf meine Lebens- und Sinnfragen fand, war für mich jeweils überraschend: Suchte ich sie in den Religionsgebäuden, so fand ich bald nur die größten, sich widersprechenden Aussagen. Dabei behaupteten alle, ihre Sicht wäre die Wahrheit. Nein, dort war nichts zu gewinnen! Doch zu allen Zeiten hat es auch Menschen gegeben, die hinter die äußere Fassade der Formenwelt und bloßer Sinneswahrnehmung schauen konnten. Las oder hörte ich, was diese Menschen zum Umgang des Menschen mit Tieren zu sagen hatten, dann liefen die Ansichten stets in die von Yesudian angedeutete Richtung: Tiere sind unsere Mitgeschöpfe und nicht für den menschlichen Speiseplan gedacht!

Rudolf Steiner war beispielsweise ein solcher Mensch, er besaß eine Verbindung zum Geistigen. Von Kind an war er medial, das heißt, die Seelen Verstorbener konnten mit ihm Kontakt aufnehmen. Er wusste, warum wir Menschen kein Fleisch essen sollten, doch überließ er – ebenso wie Yesudian – dies der freien Entscheidung jedes Einzelnen. Ein anderer, der Schriftsteller Manfred Kyber, gab in seiner berühmten Geschichte „Nachruhm" einen tiefen Einblick in das Gesetz von Ursache und Wirkung – bei Paulus lautet es: „(...) was der Mensch sät, das wird er ernten", gemäß Galater 6, Vers 7. In dieser Geschichte beschreibt Kyber, wie es einem prominenten, sehr angesehenen Veterinär, der unzählige Versuche mit lebenden Tieren durchgeführt hatte, nach seinem leiblichen Tod in jener anderen Welt erging. Diese Geschichte ist erschütternd, und da ich sie in ihrer Kernaussage für wahr halte, möchte ich sie hier auszugsweise zitieren:

„Die Totenfeier am Sarge des berühmten Anatomen (...) gestaltete sich zu einer ergreifenden Huldigung der akademischen Kreise vor den Verdiensten des großen Verstorbenen. Der Priester beendete seine Rede mit den Worten: ‚(...) mitnichten sollen wir trauern und wehklagen, denn dieser große Tote ist nicht tot, er lebt weiter und steht nun vor Gottes Thron im vollen Glanze seines arbeitsreichen Lebens, wie es denn in der Schrift heißt: ‚Sie ruhen von ihrer Arbeit, und ihre Werke folgen ihnen nach.'

Alle schwiegen ergriffen und es fiel auch niemandem auf, dass der Priester anscheinend eine Kleinigkeit vergessen hatte, nämlich die, dass der große Tote, der nun vor Gottes Thron stehen sollte, sein ganzes Leben lang für die Überzeugung eingetreten war, dass es gar keinen Gott gäbe. Es folgten Lobreden über Lobreden über die unschätzbaren Verdienste des großen Verstorbenen, die er sich durch seine unzähligen Tierversuche um die leidende Menschheit und die Wissenschaft erworben hatte. Von dem, schon zu Lebzeiten erworbenen Ruhm zeugte ein Samtkissen voller Orden, darunter die höchsten. Der Kirchenchor sang ein altes Lied aus einer anderen Zeit, das irgendwie nicht hierher passte: ‚Wie wird's sein, wie wird's sein, wenn wir zieh'n in Salem ein ...' Dann sank der Sarg in die Tiefe.

Der Tote hatte die ganze Zeit dabeigestanden. Ihm war, als habe sich eigentlich nicht viel geändert. Er erinnerte sich nur, einen sehr leichten Glanz gesehen zu haben, dann war alles wieder wie sonst, und er wusste kaum, dass er gestorben war. Nur leichter war alles an ihm, keine Schwere mehr und keine grobe Stofflichkeit. Ein großes Erstaunen fasste ihn – es gab also doch ein Fortleben nach dem Tode, die alte Wissenschaft hatte Recht und die neue hatte unrecht (...) Immerhin war es tröstlich zu hören, wie man ihn feierte und dass man so zuversichtlich von Gottes Thron gesprochen hatte. Freilich – die Titel und Orden fehlten ihm (...) Aber war er nicht immer noch der große Gelehrte, der berühmte Forscher? Hieß es nicht: ‚und ihre Werke folgen ihnen nach'? (...)

Er war nun allein, die Umrisse des Raumes (...) verschwanden ins Raumlose (...) man konnte nichts mehr sehen. Dann wurde es hell und ein Engel stand vor ihm. Also auch das gab es. Dann würde es ja auch einen Gott geben und die vielen Toten, die lebendig waren (...) Wie schön war das alles. Aber der Engel sah ernst und sehr traurig aus.

,Wohin willst du?', fragte er. ,Ins Paradies.'

,Komm!', sagte der Engel.

Er war nun allein, die Umrisse des Raumes (...) verschwanden ins Raumlose (...) man konnte nichts mehr sehen. Dann wurde es hell und ein Engel stand vor ihm. Also auch das gab es. Dann würde es ja auch einen Gott geben und die vielen Große dunkle Tore öffneten sich lautlos und sie traten in einen Raum, der grell erleuchtet war. Die Wände waren blutrot und auf dem Boden hockten unzählige verstümmelte Tiere und wimmerten. Sie streckten die zerschnittenen Glieder nach dem Toten aus und sahen ihn aus geblendeten und erloschenen Augen an. Immer weiter, ins Unabsehbare, dehnte sich ihre Reihe.

,Hier sind die Hündinnen, denen du bei lebendigem Leibe die Jungen herausgeschnitten hast. Hattest du keine Kinder, die du liebtest? Wenn deine Kinder sterben, und sie suchen den Vater im Paradies, so werden sie dich hier finden. Es ist das Paradies, das du dir geschaffen hast. Hier sind die Katzen, denen du das Gehör zerstört hast unter grässlichen Martern. Gott gab ihnen ein so feines Gehör, dass es ein Wunder der Schöpfung ist. Du wirst nichts mehr hören als das. Hier sind die Affen und die Kaninchen, denen du das Augenlicht nahmst. Gott gab es ihnen, um die Sonne zu sehen. Sahst du nicht auch die Sonne dein Leben lang? Du wirst nun nichts mehr sehen als diese geblendeten und erloschenen Augen. Soll ich dich weiterführen? Es ist eine lange, lange Reihe.'

‚Das ist entsetzlich', sagte der Tote.

‚Das ist es', sagte der Engel.

‚Leben denn alle diese Tiere weiter?', fragte der Tote.

‚Alle diese Tiere leben bei Gott', sagt der Engel. ‚Du kannst nicht dorthin, denn sie stehen davor und klagen dich an, sie lassen dich nicht durch. Was du hier siehst, sind ihre einstigen Spiegelbilder, es sind deine Werke, und sie bleiben bei dir. Du wirst alle ihre Qualen an dir erfahren, bis du wieder zur Erde geboren wirst, um zu sühnen. Es ist ein langer und trauriger Weg. Aber sie werden nicht deine einzigen Gefährten sein, du hast noch einen anderen, sieh her, wer vor dir steht inmitten all deiner Werke!'

Der Tote sah auf und erblickte ein scheußliches Gespenst mit einer menschlichen Fratze, in einem Gewand voll Schmutz und Blut und mit einem Messer in der Hand. ‚Das ist das Scheußlichste, was ich jemals sah', sagte der Tote, und es packte ihn ein Grauen, wie er es noch nie erlebt hatte. ‚Wer ist dies Scheusal? Muss ich das immer ansehen?'

‚Das bist du', sagte der Engel."[4]

Die Geschichte geht noch weiter, doch ich breche hier ab, empfehle jedoch, sie gelegentlich vollständig zu lesen. Offensichtlich besaß Kyber ein tiefes Wissen über das Kausalgesetz von Ursache und Wirkung und darüber, wie sich dieses Prinzip nach dem Leibestod weiter auf den Geistleib auswirken kann. Auf diesen Verstorbenen kamen die Wirkungen sogleich zu. Das muss nicht zwingend so sein, sondern kann auch erst später, gegebenenfalls in weiteren Einverleibungen – Inkarnationen – erfolgen. Was Kyber auf jeden

---

[4] *Das Manfred Kyber Buch; Rowolt Verlag*

Fall ausdrücken wollte, war, dass alle vom Menschen ausgehenden Äußerungen und Handlungen wieder auf ihn zurückfallen. In diesem Sinne hatte in der Geschichte der Priester (am Sarg) die Worte „(…) denn ihre Werke folgen ihnen nach" in Offenbarung 14, Vers 13 sicher nicht verstanden. Der theologischen „Zunft" sind das Kausalgesetz und die Tatsache der Reinkarnation unbekannt – oder sie leugnen es wider besseren Wissens.

*

In der Zeit vor meinem Kräfteverfall habe ich stets die Ansicht vertreten, Tieren, welche zur Nahrung dienten, sollte es gut gehen, solange sie lebten. Unsere Tierhaltung, besonders die der Schweine, war bestimmt nicht artgerecht. Von unseren Fahrkühen, die wir nie überforderten, hatte ich hingegen schon den Eindruck, sie fühlten sich wohl. Doch am Ende stand für sie alle der gewaltsame Tod durch den Menschen – und eine „artgerechte" Tötung ist bis heute bekanntlich nicht erfunden worden.

Der von mir nun eingeschlagene Weg führte allmählich zu einer inneren Wandlung meiner Einstellung zu den Tieren. Immer mehr sah ich in ihnen die Mitgeschöpfe der Menschen – fühlende, lebendige Wesen. Sie kamen mir in ihrer Wesenhaftigkeit näher – wie in meiner Kindheit einst der Hund Bello. Ich lernte Menschen kennen, die von einem Tag auf den anderen alles Fleisch von ihrem Speiseplan verbannten, weil sie durch grässliche Bilder aus der Massentierhaltung geschockt waren und solches Leiden nicht mehr unterstützen wollten oder konnten. Denn eines ist sicher: Jeder Fleischesser trägt zu einer solchen Tierhaltung mit bei, die besser als „Tierquälerei" bezeichnet werden sollte.

Was bewegt solche Menschen zu so gravierenden Einschnitten? Für die meisten geht es nicht um gesundheitliche Gründe, wie bei mir. Es kann nur ein Mitfühlen mit den leidenden Kreaturen sein und der Antrieb, an solchem Tun keinen Anteil mehr zu haben. Was immer man hier an Gründen aufführen mag, ich bin fest davon überzeugt, dass der tiefere Auslöser stets die innere Stimme ist, dass also das Gewissen dafür verantwortlich ist. Dieser untrügliche Seismograf spricht in uns allen, wenn auch in ganz verschiedener Weise, je nach Situation: „Tue das nicht!"; „Lass die Finger davon!"; „Beteilige dich nicht daran!"; „Halte Abstand von solchem Tun!"; „Halte Abstand von diesen Menschen!" und ungleich mehr. Mir selbst sagte die Stimme über die Jahre hinweg: „Lass das sein!" und „Nimm dem Tier nicht das Leben!" Doch, geprägt durch die auf mich überkommende Tradition unterdrückte ich diese zarte Stimme und setzte meinen Eigenwillen dagegen.

Die Stimme des Gewissens kommt aus einer höhen Sphäre – aus der Wahrheit – und steht über allen menschengemachten Meinungen. Dies ist auch der Grund, weshalb ich mich heute auf keine Diskussion für oder gegen Fleischverzehr mehr einlasse. Nach meiner eigenen durchlebten Erfahrung bedarf es keiner theoretischen Erörterung mehr zu diesem Thema. Über die Stimme des Gewissens gibt es keine Diskussion! Diese fest gegründete Einstellung musste jedoch erst bestärkt werden durch Botschaften, die in dieser gewaltigen Umbruchzeit der Menschheit direkt aus dem Reich Gottes geschenkt wurden und werden.

Sie haben richtig gelesen: Botschaften aus dem Reich Gottes! Dieser Satz scheint nicht in diese vermeintlich so aufgeklärte Welt zu passen, wo man glaubt, alles durch Wiegen und Messen begründen und erklären zu können. Ganze Arbeit haben die Herren Theologen über 1.700 Jahre hinweg geleistet, damit von der Möglichkeit einer Verbindung zwischen dem Diesseits und dem Jenseits auch nicht die geringste Spur im Denken der Menschen zurückbleibt. Zurzeit des Alten Testamentes scheint das noch akzeptabel, aber heute? Jenseitige Boten könnten dem Klerus schließlich ins Handwerk pfuschen!

Doch der Mensch – ob Theologe oder einfacher Gläubiger – irrt sich, und die Wissenschaften tragen ihren erheblichen Teil dazu bei, ihn in die Irre und die Menschheit als Ganzes in eine Sackgasse zu führen. Nur ein Blinder erkennt die Zeichen noch nicht.

Auf der Suche nach dem Sinn

Bis zu diesem Punkt haben meine Beschreibungen noch weitgehend auf dem Boden des von der menschlichen Sinneswahrnehmung Erfassbaren gestanden, obwohl bereits Begriffe verwendet wurden – wie Seele, Höherentwicklung, Reinkarnation, Jenseits, Botschaft aus dem Reich Gottes usw. –, die sich hier für manche Menschen eher nach Märchen und Utopie anhören. Weil im weiteren Verlauf dieser Schrift solche Begriffe und Themengebiete einen noch viel größeren Umfang annehmen werden, scheint es mir geboten, hierzu aus meiner Sicht Klarheit herzustellen: Die weiteren Ausführungen basieren umfänglich auf der Tatsache, dass unserer menschlichen Existenz ein gewaltiges, geistiges Geschehen zugrunde liegt, welches aber, wie erwähnt, dem menschlichen Verstand nicht zugänglich ist, auch nicht durch noch so viel Forschen und Nachdenken. An diesem Geschehen waren wir als Menschen nicht nur beteiligt – wir waren sogar die Ursache dafür, doch wir haben nicht die geringste Erinnerung daran. Deshalb halten nicht wenige nur das für die einzige Realität, was ihnen ihre Sinne vermitteln: das Materielle. Hierin liegt ein großer Irrtum! In manchen schlummert zwar eine vage Ahnung, dass es da noch mehr geben müsse, aber konkret vermag dies niemand zu erfassen. Daher kommen nun die Boten aus jener anderen Welt ins Spiel – allerdings schalten die meisten Menschen bei dieser Formulierung völlig ab, weil sie die Jenseitswelt für reine Illusion halten.

Ich habe viele Gespräche geführt, mit Menschen der unterschiedlichsten Denkrichtungen, und der Bogen der verschiedenen Perspektiven war extrem weit gespannt. Ein neunzig-jähriger Mann sagte mir einmal: „Wenn der Deckel drauf ist, dann bleibt nichts mehr, dann ist es endgültig aus, für immer. Eine Seele gibt es nicht." Dies entspricht der weitverbreiteten materialistischen Weltsicht, die in unserer Zeit einen Höhepunkt erreicht hat – vor allem in den westlichen Kulturen. Nach dieser Vorstellung existiert nur Materie, alles Geistige hingegen ist nur eine besondere Ausdrucksform der Materie. Jedoch vermochte dieses Weltbild die Herkunft aller Materie bislang nicht erklären. Das materialistische Weltbild ist zwar eindeutig und erlaubt keine unterschiedlichen Auslegungen – beweisen ließ es sich bislang aber nicht. Es entspringt bestimmten menschlichen Interpretationen der gesamten universalen Existenz, die letztlich aber nur menschengemachte Meinungen darstellen und – ohne Basis – zu einem Glaubenssatz erhoben wurden.

Bei anderen Menschen und auch Völkern anderer Kulturen, die die Ansicht vertreten, nach diesem Erdenleben sei nicht alles zu Ende, ist die Lage nicht so eindeutig wie im Fall der Materialisten. Sie glauben in verschiedensten Varianten, der Ursprung alles Seins sei geistiger Natur und die Materie stelle nur eine besondere Manifestation des Geistigen dar. Ich möchte dies als „idealistische Weltsicht" bezeichnen.

Doch was geschieht wirklich nach dem körperlichen Tod? Da alles persönliche und wissenschaftliche Forschen hier keine letzten Antworten geben kann und darüber hinaus die Mitteilungen der alttestamentarischen Propheten nachweislich verwässert bzw. verfälscht sowie die Grundaussagen des Neuen Testaments nicht eindeutig ausgelegt wurden, sind der Fantasie und dem menschlichen Vorstellungswillen hier kaum Grenzen gesetzt. In zahlreichen Gesprächen sind mir in dieser Sache deshalb die unterschiedlichsten Ideen unterbreitet worden, auf deren Wiedergabe ich hier verzichten möchte – bis auf eine: Sie wurde mir von einem evangelischen Pfarrer, Doktor der Theologie, vorgetragen: Wenn der Mensch sterbe, dann zerfiele sein Körper in seine materiellen, atomaren und molekularen Bestandteile. Ein Weiteres existiere nicht, auch nicht das, was man allgemein unter Seele verstehe. Es existiere somit auch keine geistige Welt. Doch am „Jüngsten Tag" erwecke GOTT alle wieder zum Leben, mit Haut und Haaren, also mit ihrem gesamten physischen Leib, um über sie zu richten. Als ich das hörte, verschlug es mir so die Sprache, dass ich darauf nicht zu antworten vermochte.

Würde die Bibel der Kirchen eine eindeutige Aussage über das „Nach-dem-Tod" treffen, könnte es dann die vielen Gemeinschaften geben, die sich alle als christlich

betrachten? Zudem feinden sie sich oft noch gegenseitig an und liegen in erbittertem Streit miteinander – unversöhnlich! Den Gipfel des Alleinseligkeitsanspruch-Dilemmas bildet die römisch-katholische Kirche, deren Dogma lautet: Nur diejenigen Menschen könnten gerettet werden, welche getauft wären und den römischen Papst als ihr geistiges Oberhaupt bedingungslos anerkennen würden. Im Umkehrschluss heißt das: Alle übrigen Menschen fielen der ewigen Verdammnis anheim, das soll heißen, sie erlitten auf ewig Qualen in der Hölle, im Feuer des Zornes Gottes. Wie bitte – Sie glauben das nicht? Dann lesen Sie es selbst nach in

„Der Glaube der Kirche" von Neuner-Roos (Hrsg.); Verlag
Friedrich Pustet; Rand-Nr. 381.

*

Das idealistische Weltbild ist genauso wenig beweisbar
wir das materialistische. Ebenso sind alle Kundgaben durch
Phophetenmund nicht beweisbar – selbst die Aussage Jesu,
das Himmelreich sei in uns, kann kein Mensch letztgültig
beweisen. Hierzu sagt Gabriele, die Botschafterin Gottes für
unsere Zeit – die ich Ihnen nun vorstellen möchte – Folgendes: Diesen Beweis könnten einzig wir alleine erbringen.
Der einzige Weg dazu sei das gelebte Wort Gottes – wir
würden bei voll erschlossenem Bewusstsein GOTT in uns
erfahren. Jede Seele würde früher oder später diesen Weg
gehen und zurückkehren in ihre himmlische Heimat.

Außer Gabriele gibt es – aus meiner Sicht – keinen zweiten
Menschen auf der Erde mit einem solchermaßen erschlos-
senen Gottesbewusstsein. Unabhängig davon gibt es aber
auch eine Fülle von Erscheinungen und Ereignissen, die
zwar nicht durch Menschen bekannte Gesetzmäßigkeiten
zu erklären, jedoch durch Fakten so hinreichend bezeugt
sind, dass man sich schon fast der Lächerlichkeit preisgibt,
wollte man sie leugnen. Diese können uns zur Orientierung
dienen, daher möchte ich die wesentlichsten der Phänomene
kurz nennen – sie werden in meinem Buch „Was der Mensch
sät, das wird er ernten" ausführlich behandelt:

- Begebenheiten um Emanuel Swedenborg[5]
- Erscheinungen um Therese Neumann (Konnersreuth)

---

[5] *Selbst der kritische Geist Immanuel Kant, der ein Zeitgenosse Swe-
denborgs war, ging von der Echtheit der Berichte über Swedenborg aus.*

- Kundgaben an Johannes Greber
- Tieftrancemedium Edgar Cayse
- Ärzte aus dem Jenseits
- Stefan von Jankovich („Ich war klinisch tot")
- Tieftrancemedium Beatrice Brunner

Die paranormalen Ereignisse hinter den aufgelisteten Personen können nur erklärt und verstanden werden, wenn man eine bestimmte Voraussetzung als erfüllt ansieht, nämlich dass das menschliche Bewusstsein auch ohne den physischen Körper weiter existiert – als Seele. Die Seelen der Verstorbenen halten sich somit in einem Raum auf, der als Jenseits oder einfach als geistige Welt bezeichnet wird. Sie können sich über medial veranlagte Menschen mit dieser materiellen Welt in Verbindung setzen und verständlich machen.

Trotz allem sind dies keine Beweise, dafür aber starke Indizien, die nicht leichtfertig als gegenstandslos abgetan werden können – und genau das bereitet Vertretern des materialistischen Weltbildes erhebliches Kopfzerbrechen. Mir ist wohl bekannt, wie beharrlich Menschen an ihren fixierten Glaubenssätzen festhalten. Sie würden darüber lachen, wollte ich die genannten Phänomene ins Gespräch bringen. Meist sind sie nicht einmal bereit, sich eine solche Geschichte vollständig anzuhören. Von vornherein „wissen" sie: Das ist doch alles Schwindel! Trotzdem habe ich diese außersinnlichen Erscheinungen in dem genannten Buch dargestellt, in der Überzeugung, dass der eine oder andere vom Schicksal Berührte für solche Schilderungen gerade wegen dieser Berührtheit empfänglich sein könnte. Immerhin besteht bei solchen Menschen am ehesten die Bereitschaft, ihr bisheriges, ausschließlich materialistisches Weltbild infrage zu stellen und sich anderen Sichtweisen zu öffnen.

In biblischen Zeiten

Doch zurückkommend zu unserem eigentlichen Thema möchte ich aus der Fülle der Informationen zur menschlichen Ernährung jetzt einige vorstellen:

Die ältesten Aussagen fand ich im Alten Testament, zum Beispiel im 1. Buch Mose 1, Vers 29, wo es hieß: „Sehet da, ich habe euch gegeben alle Pflanzen, die Samen bringen auf der ganzen Erde, und alle Früchte, die Samen bringen zu eurer Speise." Dagegen fand sich im Kapitel 9, Vers 3 die Aussage: „Alles, was sich regt und lebt, das sei eure Speise." Was sollte ich davon halten? Da standen sich in dem Buch, von dem der Klerus behauptet, es wäre Gottes reines Wort, zwei sich völlig widersprechende Aussagen gegenüber. Und es waren nicht die einzigen. In 5. Mose 5, Vers 17 fand ich das Gebot: „Du sollst nicht töten." So stand es in der Lutherbibel. In einer neueren Übersetzung, „Die gute Nachricht", lautete dieses Gebot: „Du sollst nicht morden." Welcher Unterschied sollte da zwischen Töten und Morden bestehen?

Die Priesterschaften biblischer Zeiten waren stets Feinde der Wahrheit, die durch Phophetenmund aus dem Reich Gottes offenbart wurde. So teilte sich GOTT vor etwa 2.800 Jahren durch Jesaja den Königen der Israeliten mit. Doch er wurde verfolgt und umgebracht. So erging es den meisten dieser Gottesboten. Durch Jesus kam die höchste Himmelslehre – die von der Gottes- und Nächstenliebe kündete – zu den Menschen. Wieder war es die Priesterschaft, die von der Botschaft aus dem Himmel nichts wissen wollte.

Sie ließen IHN ermorden. Nach Jesus' Tod nannte sich diese Priesterschaft dann „christlich", obwohl Jesus keinen einzigen seiner Nachfolger (Apostel) zum Priester ernannt hatte, noch je von Priesterämtern gesprochen hatte. Doch die alte Gewohnheit der Prophetenverfolgung behielten diese angeblichen Menschenführer bei: Alle Lichtgestalten der letzten 1.700 Jahre wurden kontinuierlich verfolgt – bis auf den heutigen Tag. Viele wurden umgebracht, oft lebendig verbrannt. Es scheint, als wäre es in ihre Gene eingebrannt, immer wieder gegen die Wahrheit ankämpfen zu müssen. Sie glauben das nicht, lieber Leser? Dann lesen Sie die 10 Bände der „Kriminalgeschichte des Christentums" von Karlheinz Deschner, erschienen im Rowohlt Verlag 1989. Der Schweizer Historiker Prof. Walter Nigg schreibt in seinem Buch „Prophetische Denker": „Der Priester ist der natürliche Feind des Propheten."

*

GOTT ist unwandelbar, er ist derselbe – gestern, heute und morgen. Wäre die sogenannte „Heilige Schrift" das reine Wort Gottes, dann enthielte sie keinerlei Widersprüche. Im „Lexikon zur Bibel" von Fritz Rienecker ist zu lesen: „Nach jüdischer Überlieferung hat Esra (der Priester) das mosaische Gesetz, das beim Untergang Jerusalems 586 v. Chr. verbrannt sein soll, neu geschrieben." Der Priester hatte es damit in der Hand, mit seinem Lügengriffel alles so umzuschreiben, wie es seiner damaligen Vorstellung entsprach – und diese bezog sich sehr wahrscheinlich auf das Stärken der priesterlichen Macht über das Volk, auf das Anhäufen von Besitz und Reichtum. Beispielsweise wurden Mose Worte untergeschoben, die dieser als wahrer Gottesprophet so niemals gesagt haben konnte, wie etwa in

5. Mose 17, Vers 12 zu lesen ist: „Wer dem Priester nicht gehorcht, soll des Todes sterben". Es ist nicht zu fassen, welche Machtfülle sich diese Zunft damit selbst zusprach – angeblich von Gott so gewollt. Mit Sicherheit ist auch die genannte Stelle bei Mose, wonach alles, was sich regt und lebt, des Menschen Speise sei, eine Priesterfälschung. Denn warum findet sich in Jesaja 66, Vers 3 die Aussage: „Wer einen Stier schlachtet, gleicht dem, der einen Mann erschlägt"? Es ist verwunderlich, dass man diese Stelle so belassen hat.

Bezog sich nun „nicht töten" – gemäß dem Gebot aus 5. Mose 5, Vers 17 – auf alles Leben oder nur auf Menschen? Für die theistischen Priesterschaften aller Zeiten – im Gegensatz beispielsweise zu echten Buddhisten – galt und gilt dieses Gebot nur auf Menschen bezogen. Um dem in unserer Zeit eindeutig Rechnung zu tragen, wurde in erstaunlicher Einigkeit zwischen den beiden christlichen Großkirchen die Formulierung „nicht morden" eingeführt. Doch kann man das Töten eines Tieres nicht auch als „Tiermord" bezeichnen?

Warum finden sich eigentlich zu dieser Frage im Neuen Testament keine Aussagen? Geht man dieser Frage weiter nach, so stößt man auf höchst konspirative Tatsachen: Es stellt sich heraus, dass das Neue Testament, in der von der katholischen Kirche präsentierten Form der Bibel (Vulgata), erst im Jahre 383 n. Chr. durch Hieronymus zusammengestellt wurde – im Auftrag von Papst Damasus I. So sollte er aus den Tausenden im Umlauf befindlichen Evangelien-Abschriften, von denen sich keine zwei geglichen haben sollen, einen einheitlichen Text verfassen. Er musste also zwangsläufig eine Auswahl der Formulierungen treffen, die ungefähr 3.500 Textstellen betroffen haben soll. Doch nach welchen Kriterien ging er vor? In einem Brief an den Papst schreibt er selbst, er habe manches weggelassen, hinzugefügt und geändert. Das Ganze wurde dem Volk dann wieder als Gottes „reines Wort" verkauft. Doch was genau ließ er weg? Was konkret fügte er hinzu und änderte er? Wie frei war er selbst noch in seinem Handeln? Diese Fragen scheinen mir von größter Wichtigkeit. Seit dem Konzil zu Nicäa im Jahre 325 n. Chr. entwickelte sich die katholische Kirche unter Kaiser Konstantin zur Staatskirche mit staatlicher Besoldung und Rechtsimmunität für die Priesterschaft. Dadurch erst entwickelte sie sich zu einem Unterdrückungsapparat, zu einem wahren Moloch. Jeder, der von der Gesinnung abwich, die sie als einzig richtig vorgab, lebte gefährlich. Hierzu ein Beispiel: Der Spanier Priscillian[6], 381 n. Chr. zum Bischof von Avila geweiht, wurde mit sechs seiner Anhänger 385 in Trier zum Tode verurteilt und geköpft. Sein „Vergehen": Er strebte ein ethisch hochstehendes Christentum an, war Vegetarier und schätzte die Prophetie. Diese Untat zeigt, wie sich bereits zu einem frühen Zeitpunkt – innerhalb weniger Jahrzehnte – ein Ungeist der Unterdrückung, der Unfreiheit breitgemacht hatte. In diesem Klima schuf nun Hieronymus das Neue Testament – fast zeitgleich mit diesem Trierer Urteil. Das Urteil macht überdeutlich, wie wenig frei er bei dieser Arbeit wirklich gewesen sein konnte. In einem Brief schreibt er selbst: „Der Genuss des Tierfleisches war bis zur Sintflut unbekannt, aber seit der Sintflut hat man uns die Fasern und stinkende Säfte des Tierfleisches in den Mund gesteckt (...) Jesus Christus, welcher erschien, als die

---

[6] Vgl.: Matthias Holzbauer; Der Steinadler und sein Schwefelgeruch; Verlag das weiße Pferd 2003

Zeit erfüllt war, hat das Ende wieder mit dem Anfang ver-
knüpft, sodass es uns jetzt nicht mehr erlaubt ist, Tierfleisch
zu essen."[7] Hieronymus war selbst Vegetarier und wusste
um die fleischlose Lebenswese der Urchristen. Dass er dies
alles offiziell verschwieg, legen die dargelegten Gründe
nahe. Womöglich hätte er sonst sein Schicksal mit dem
Bischof von Avila teilen müssen.

---

[7] *Lib I Adversus Jovinian*

Tiere sind unsere Mitgeschöpfe

Es geht aber nicht nur allein um die fleischlose Ernährung, sondern vielmehr um die Einstellung des Menschen gegenüber dem Tier. Im Leben der Menschen zu Lebzeiten Jesu spielten Tiere als Last- und Arbeitstiere eine ungleich größere Rolle als heute. Sie waren des Menschen ständiger Begleiter. Da wir von Jesus zu allen sonstigen Lebenssituationen Stellungnahmen vorfinden, ist es völlig unverständlich, dass er ausgerechnet zu dieser Problematik nichts gesagt haben soll. Da klafft eine Lücke, die nicht anders zu erklären ist als durch bewusstes Verschweigen entsprechender Inhalte.

In einem außerkanonischen Evangelium – „Das Evangelium des vollkommenen Lebens"[8] – finden sich hingegen zahlreiche solche Hinweise auf Jesu Einstellung zu den Tieren. Im Kapitel 75, Vers 9 lesen wir: „Wahrlich ich sage euch, darum bin ich in die Welt gekommen, dass ich abschaffe alle Blutopfer und das Essen des Fleisches der Tiere und Vögel, die von Menschen geschlachtet werden." Bei der Neuschaffung des Neuen Testaments wurde nach Lage der Dinge offenbar eine Verleugnung – man könnte auch sagen, ein bewusstes Verschweigen – von Jesu Einstellung gegenüber den Tieren forciert. Angesichts des ungeheuerlichen Urteils von Trier handelte es sich aber nicht mehr um eine bloße Verleugnung von Jesu Lehren, sondern um eine Verdrehung in ihr Gegenteil.

---

[8] *G. J. Ouseley (Hrsg.); Übersetzung von „The Gospel of the Holy Twelve known also as The Gospel of the Perfect Life"; aus dem aramäischen Urtext ins Englische übersetzt; Rozekruis Pers 1994*

Diese Entwicklung der Verwässerung und Verdrehung von Jesu Lehren begann schon früh, innerhalb der urchristlichen Gemeinden: Origenes, der 253 n. Chr. an den Folgen von Misshandlungen durch römische Henkersknechte starb, galt als der letzte Standhafte, der Jesu wahre Lehren noch aufrechterhielt. Sein Tod kam einem Dammbruch der Verdrehungstendenzen gleich. Vermutlich aß das Volk gerne Fleisch, ebenso wie die sich immer mehr etablierende Priesterschaft. Jetzt, da dieser letzte der Aufrechten nicht mehr war, konnte man den eigenen Leidenschaften freien Lauf lassen. Was scherte man sich noch so genau um die Lehren dieses Jesus, der doch schon lange tot war. Schließlich hatten Priester die Verbindung zu Gott „hergestellt" und konnten den Menschen auch – dank der ihnen „von Gott verliehenen Kraft" – ihre Fehltritte per Absolution vergeben.

Ein Leben der Tat, so wie es Jesu gefordert hatte, war nicht mehr gefragt: „Darum, wer diese meine Rede hört und tut sie, den vergleiche ich mit einem klugen Mann, der sein Haus auf einen Felsen baute", heißt es in Matthäus 7, Vers 24. Das ursprüngliche Christentum der Tat war einem Scheinchristentum gewichen – welches nur noch in einem ganzen Bündel von Maßnahmen und Vorschriften bestand, die den sogenannten Gläubigen auferlegt wurden, die wiederum nur bei deren Befolgung das ewige Heil der Seele erlangen sollten. Die Menschen wurden zu Hörigen der Priesterkaste – wie schon im 5. Buch Mose 17, Vers 12 (gefälscht!) beschrieben – und was dachten sich die Mächtigen nicht alles aus: Sakramente, Dogmen, Riten, heilige Marienverehrung, Beichte, Reliquien. Nichts von alledem war von Jesus den Menschen angetragen worden, und nichts davon trägt auch nur ein Jota bei zum Heil der Seele.

Ein Zeitgenosse des Hieronymus, der später heiliggesprochene sogenannte Kirchenvater Augustinus, lehrte: „(...) denn das Tier entbehrt einer vernünftigen Seele und ist deshalb nicht mit uns durch eine gemeinsame Natur verbunden."[9] Augustinus gelangte in seiner Kirche zu Einfluss und hohem Ansehen, sein Wort hatte Gewicht. Die nicht nur Tiere verachtende, sondern auch Menschen verachtende Lebenseinstellung dieses Mannes wird erst in folgender Aussage voll sichtbar: „Was hat man denn gegen Krieg, in dem Menschen umkommen, die doch einmal sterben müssen." Was hätte wohl meine Großmutter zu solchen Äußerungen gesagt, als sie im Herbst 1914 die Nachricht erhielt, ihr Mann, der Vater ihrer beiden kleinen Kinder, käme nie wieder zurück? Einfach so, lapidar und respektlos zu sagen, „Dein Mann wäre ja sowieso einmal gestorben", ist kaum zu fassen! Offener Hohn und Spott auf Jesu gesamte Lehre! Doch Augustin war kein Einzelfall: Nicht wenige der Heiliggesprochenen waren in Wahrheit Verbrecher, wie Karlheinz Deschner es aufdeckte.

*

Nach dem Studium der Kirchengeschichte und der menschlichen Natur sage ich heute Folgendes: Den meisten dieser Männer, die es in dieser Machtorganisation – katholische Kirche – bis in die höheren und höchsten Ränge schafften, lag wenig, wenn gar nichts an Jesu Botschaft. Für sie war alles nur ein Mittel, um zu Ansehen und Macht zu gelangen – und bis zum heutigen Tag hat sich daran nichts geändert. In diesem Sinne lässt sich auch das Buch „Prophetische Denker" von Prof. Nigg lesen.

---

[9] *Peter Dinzelbacher; Mensch und Tier in der Geschichte Europas*

„(...) mit uns nicht durch gemeinsame Natur verbunden", sagte Augustinus. Heißt das nicht im Klartext, dem Tier würden grundsätzlich alle Gefühlsregungen abgesprochen, zu denen wir Menschen fähig sind? Es würde gleichsam zu einer gefühllosen Sache herabgestuft, mit der man nach Belieben verfahren kann? Nur so lässt sich im Übrigen auch erklären, dass Kirchen bis heute Tierversuche gutheißen.

*

Zu welchen unfassbaren Verirrungen Menschhirne aus machtpolitischen und religiösen Gründen in der Geschichte fähig waren, möchte ich in dieser Schrift darlegen. Den meisten Lesern dürfte das bis dahin unbekannt gewesen sein – kein Wunder! Es sollte auch möglichst verborgen bleiben. Doch wir leben in einer gewaltigen Umbruchzeit, in der alle verborgenen Schandtaten ans Licht kommen. Vergangenheit, die nicht gesühnt, nicht aufgearbeitet wurde, ist immer Gegenwart.

Mit den vorstehenden Darlegungen sollte aufgezeigt werden, wie diese lebensfeindlichen Einstellungen von Beginn an Teil des Systems der katholischen Kirche waren. Der in dem Trierer Urteil sichtbar gewordene Ungeist sollte erst im Mittelalter unter der Inquisition zur Hochform auflaufen. Die Inquisition ließ Menschen verfolgen und umbringen, die sich u. a. weigerten, Tiere zu töten. Zum Beweis ihres rechten römisch-katholischen Glaubens mussten sie öffentlich ein Tier schlachten. Wer das verweigerte, wurde hingerichtet. „Durch die Bischofsversammlung in Goslar, im Jahre 1051, wurden mehrere Ketzer zum Tode verurteilt, weil sie sich geweigert hatten, Hühner zu töten, denn das entspräche

55

den Anschauungen der Katharer, keine Tiere zu töten."[10]

Unter „Katharer" ist eine Bewegung zu verstehen, die zu Beginn des 11. Jahrhunderts in Südfrankreich ihren Ursprung hatte. Die Mitglieder besannen sich auf urchristliches Gedankengut – das niemals ganz verschwand –, lebten gewaltlos, ernährten sich fleischlos, horteten keinen Reichtum, sondern sorgten untereinander für einen gerechten Ausgleich, kannten keine Priester und damit keine Rituale. Auch lehnten sie das zu einem Ritual degenerierte Abendmahl ab. Diese Gemeinschaft hatte offensichtlich eine starke Außenwirkung und wuchs rasch zu Zigtausenden Mitgliedern an. Damit bildete sie eine ernste Gefahr für die römisch-katholische Kirche, weil sie durch ihre bloße Existenz deren falsche Lehren und falsche Lebensweise entlarvte. Das konnte von dem „Lenker des Weltenkreises", wie sich der Papst selbst nannte, nicht hingenommen werden. Der damalige Papst Innozenz III ließ ein Heer gegen die Katharer rüsten, mit dessen Führung er, ihm getreue Fürsten betraute, die eigens dafür von ihm völligen Sündenerlass erhielten. Bis zum letzten Greis und Säugling wurden alle Katharer hingemetzelt oder lebendig verbrannt. Karlheinz Deschner hat es nach Aufzeichnungen von Zeitzeugen recherchiert.

Die Lehre des Friedensfürsten wurde überall ins Gegenteil verkehrt, und die Geschichte der Kirche zeugt von einer durch die Jahrhunderte ziehenden Blutspur. Der bedeutende Kirchenlehrer Thomas von Aquin beurteilte im 13. Jahrhundert die Hinrichtung Andersdenkender als einen Akt der Fürsorge für Katholiken. Er lehrte ebenfalls, „dass die Tier-

---

[10] *Graf von Hoenbroech, Das Papsttum in seiner sozialkulturellen Wirksamkeit*

seele mit dem Körper zugrunde geht."[11] Wie konnte er sich anmaßen, den Tieren eine unsterbliche Seele abzusprechen, wenn Jesu nie etwas Derartiges gelehrt hat?

Schon der Gottesprophet Hiob wusste um die Beseeltheit der ganzen Schöpfung. Er sprach sogar eher von der Überlegenheit der Tiere, als er in Hiob 12, Verse 7–10 sagte: „Doch frag nur die Tiere, sie lehren es dich, die Vögel des Himmels, sie künden es dir. Rede (...) zur Erde, sie wird dich lehren; die Fische des Meeres erzählen es dir. Wer wüsste nicht bei alledem, dass die Hand des Herren dies gemacht hat? In seiner Hand ruht die Seele allen Lebens und jeden Menschleibes Geist."

Von Augustinus war das Tier als unbeseeltes Wesen, gleichsam als tote Sache eingestuft worden. Wer das nun nicht genauso sah, sondern dem Tier einen höheren Stellenwert einräumte, stellte als Außenseiter bereits eine Gefahr für das System dar – andere könnten ihm folgen. So lebten Vegetarier gefährlich – ihre Lebensweise durften sie nicht öffentlich machen. Man könnte überspitzt sagen: Fleisch zu verzehren, war Katholikenpflicht! Bei den wahren Nachfolgern Jesu war das heidnische, blutige Opfermahl jedoch abgeschafft, wie auch sonstige Riten. Wie wir gesehen haben, schlich sich im Laufe der ersten zwei bis drei Jahrhunderte n. Chr. reichlich falsches Gedankengut in diese Gemeinschaften. So wurde auf „wundersame" Weise aus dem letzten gemeinsamen Mahl, das Jesus mit seinen Jüngern hielt, bevor er gefangen genommen wurde, ein geheimnisvolles heiliges Abendmahl, ein sogenanntes „Sakrament". Eine aus dem Heidentum wiedererstandene Priesterschaft hatte es

---

[11] *Summa contra gentiles, zweiter Band, Buch II, Kap. 82*

verstanden, sich als notwendiges Bindeglied zwischen GOTT und das Seelenheil der Menschen zu schieben.

Bei Origenes war jeder noch frei und selbst Priester seiner Seele gewesen – doch das war nun vorbei: Nun waren alle zu Abhängigen geworden, entmündigt. Den Menschen wurde gesagt, für ihr Seelenheil sei die regelmäßige Teilnahme an diesem heiligen Abendmahl unerlässlich. In Wahrheit diente es nur der Existenzberechtigung der Priester, denn nur ein Priester war angeblich befähigt, diese heilige Handlung in der notwendigen Weise zu vollziehen. Durch die Priesterweihe war ihm ein „Siegel Gottes" eingebrannt, das ihn zu höherem Tun befähigte – so im katholischen Katechismus nachzulesen. So vermochte und vermag bis heute nur ein Priester – dank dieses ihm eingebrannten göttlichen Siegels – bei dem Abendmahl die „Wandlung" vorzunehmen oder herbeizuführen.

Wandlung – was soll das nun wieder bedeuten? Auf Befehl des Priesters würde also der Leib Christi, des Mitregenten des Himmels, in eine Backware, eine sogenannte „Oblate" aus Weizenmehl gezwungen? Das Ganze ist mitnichten nur symbolisch zu verstehen, denn die Backware symbolisiert hier nicht den Leib Christi, sondern wird selbst zu Fleisch! Solche Übertragungen können wir, mit der Normalausstattung der Natur ausgerüstete Menschen, natürlich nicht verstehen – nur ein Priester vermag es. Bei dieser heiligen Handlung wird – nimmt man die Vorgaben der katholischen Kirche ernst – Menschenfleisch verzehrt. Ist das denn nicht in letzter Konsequenz Kannibalismus? Das alles wird begleitet von einer hochdramatischen Inszenierung: Weihrauch, Umschreiten des Altars, Kniebeugen, Hände-Waschen des Priesters, Kreuzzeichen, Litaneiengesang,

Messdiener und Kultgewänder, Glöckchenklang. Was hat das alles aber mit Jesus, dem Christus, und seiner einfachen, schlichten Lehre vom rechten Leben zu tun?

Überdies: Jesu Tod am Kreuz – seine Ermordung! – wird als Opfertod zur Vergebung unserer Sünden hingestellt. Doch das, liebe Leser, ist ebenfalls wieder eine Lüge, die genauer zu erklären einer anderen Schrift vorbehalten bleibt.

*

Alle bisher zitierten Quellen waren historisch, und hinter vielen steht ein großes Fragezeichen. In unserer Jetzt-Zeit hat sich jedoch ein völlig neues Kapitel in der Menschheitsgeschichte aufgetan und wir sind nicht mehr auf diese historischen Quellen angewiesen: In Johannes 16, Verse 12 und 13 findet sich die Aussage Jesu: „Ich habe euch noch viel zu sagen, aber ihr könnt es jetzt nicht ertragen. Wenn aber jener, der Geist der Wahrheit kommen wird, wird er euch in alle Wahrheit leiten." Was steckt hinter dieser Aussage? Die Menschen zu seiner Zeit hatten weder das Verständnis noch Kenntnis von den zahlreichen Gesetzmäßigkeiten, die uns heute geläufig sind. Deshalb wohl hat ER eine tiefere Aufklärung auf eine künftige Zeit verschoben. Doch was tat und tut die – sich christlich nennende – Priesterschaft? Im Gegensatz zu Jesu Behauptung beansprucht sie bis heute beharrlich, seit ihrem Bestehen sei alle Prophetie abgeschlossen. Jesus habe alles gesagt, und es sei nichts Neues mehr zu erwarten. Wenn doch noch etwas zu sagen wäre, dann würde GOTT es nur durch sie – die Priester – mitteilen, denn die Prophetie sei letztlich auf sie übergegangen. Genau deshalb hat die Kirche auch alle Lichtgestalten seit jeher verfolgt und viele von ihnen umgebracht – eine unliebsame

Konkurrenz, die höchstwahrscheinlich auch ihr Lügengebäude aufdecken würde? Grundsätzlich lag ihnen auch daran, den Menschen das Wissen von der Möglichkeit einer Verbindung zwischen den beiden Welten, wie sie im Urchristentum üblich war, zu verwehren. Doch der Geist weht, wo ER will. Er schert sich nicht um die Priestergilde, die nur um ihr Eigenwohl bedacht ist.

Nun geschieht in unserer Zeit des allgemeinen Niedergangs das Ungeheuerliche, das nach dem Willen der Kirchenmänner nie mehr hätte geschehen sollen und das blankes Entsetzen in ihnen auslöst: Der Himmel hat sich erneut geöffnet, und die höchsten Wesen sprechen wieder zu den Menschen wie in den Zeiten des Alten Testaments! Dies stellt für die meisten Menschen eine Zumutung dar, weil sie es nicht verstehen und glauben können. Sie haben keinerlei Kenntnis von den geistigen Gesetzmäßigkeiten, die hinter allem Materiellen stehen – zumal gerade jetzt, wo die materielle Weltsicht im Zenit ihrer Entfaltung steht.

Doch der Geist lässt sich keinen Maulkorb verpassen: Da die Wesen des Himmels keine menschlichen Sprechwerkzeuge haben, bedienen sie sich der Menschen, durch die sie sprechen – diesmal ist es eine Frau, Gabriele. GOTT selbst nennt sie „seine Prophetin". Auch Christus spricht durch sie – ein Instrument – und macht wahr, was er damals als der Mensch Jesus angekündigt hatte. Erst durch die heutigen Erkenntnisse könnten die Menschen vieles verstehen, was vor 2.000 Jahren noch nicht zu verstehen war. Christus weiß, dass alles auf Schwingung beruht – er weiß um Frequenzen, Atome, Gene, Quanten, Energie und vieles mehr. Außerdem ermöglicht die heutige digitale Technik, das ganze Wissen in kürzester Zeit über die gesamte Erde zu verbreiten, was früher nicht möglich gewesen wäre. So ist es logisch, dass die ganze Wahrheit heute zu den Menschen in einem Umfang und in einer Tiefe kommt wie noch nie zuvor in der Menschheitsgeschichte – soweit der Menschenverstand überhaupt in der Lage ist, dies zu begreifen.

Der längere Ausflug des Vorbeschriebenen war nicht nur notwendig, um die erwähnte neue Quelle[12] – Gabriele – zu erklären, sondern auch, um deutlich zu machen, dass damit die vielen alten Quellen ungültig geworden sind. Aus dieser neuen Quelle wird den Menschen nun alles Notwendige mitgeteilt, über das Verhältnis des Menschen zum Tier – sinngemäß gebe ich die wesentlichen Aussagen dazu im Folgenden wieder und ergänze diese mit ähnlich gesinnten Aussagen verschiedener prominenter Persönlichkeiten:

*Gabriele: „Hört auf, eure Tiergeschwister zu töten und zu verzehren. GOTT hat ihnen den Atem gegeben und ihr habt kein Recht, ihnen diesen zu nehmen. Das Gebot Mose heißt immer noch: ‚Du sollst nicht töten‘ und gilt für alles Leben." Soweit eine unmissverständliche Richtigstellung, die direkt aus dem Reich Gottes in unsere Zeit gekommen ist – doch nur wenige erkennen die Stimme und folgen ihr.

*Gabriele: „Das von den Menschen über die Tiere gebrachte Leid wird für die Menschheit, nach dem Gesetz von Saat und Ernte, verheerende Wirkungen haben."

*Johann Wolfgang von Goethe: „Die Menschheit kann in Äonen nicht wiedergutmachen, was sie den Tieren angetan hat." Das

---

[12] *Über das Wesen der Prophetie und über das Leben der heutigen Prophetin Gottes gibt es im Gabriele Verlag Das Wort umfangreiche Literatur.*

sagte er zu seiner Zeit, da es noch weder Massentierhaltung noch Tierversuche gab! Was würde er wohl heute sagen?

Leo Tolstoi: „Solange es Schlachthöfe gibt, wird es auch

Schlachtfelder geben." Nebenbei sei bemerkt, dass dieser Dichter ein derart massiver Kritiker der russisch-orthodoxen Kirche war, dass diese ihn 1908 exkommunizierte. Dagegen war ihm das Liebesgebot Jesu das höchste Gebot, wie aus sämtlichen seiner Volkserzählungen deutlich wird.

George Bernhard Shaw: „Solange die Menschen Tiere quälen, foltern und erschlagen, werden wir Krieg haben."

*Bertha von Suttner: „Wer die Opfer nicht schreien hört, nicht zucken sehen kann, dem es aber, sobald er außer Seh- und Hörweite ist, gleichgültig ist, dass es schreit und zuckt, der hat wohl Nerven, aber – Herz hat er nicht."

*Paul McCartney: „Man darf nicht essen, was ein Gesicht hat."

*Pythagoras: „Reichtum spendet die Erde verschwenderisch, friedsame Nahrung. Und sie gewährt euch Gerichte, die frei sind von Mord und von Blut."

*Leonardo Da Vinci: „Es wird ein Tag kommen, an dem die Menschen über die Tötung eines Tieres genauso urteilen werden, wie sie heute die eines Menschen beurteilen. Es wird die Zeit kommen, in welcher wir das Essen von Tieren ebenso verurteilen, wie wir heute das Essen von unseresgleichen, die Menschenfresserei, verurteilen."

*Buddha: „Wohlwollen erzeugt eine Atmosphäre des Vertrauens, Fleischverzehr hingegen eine Aura der Aggressivität."

*Veden: „Keine lebenden Wesen zu töten, ist eine Voraussetzung zur Erlösung."

*Christian Morgenstern: „Weh den Menschen, wenn nur ein einziges Tier im Weltgericht sitzt."

*Mahatma Gandhi: „Ich glaube, dass geistiger Fortschritt an einem gewissen Punkt von uns verlangt, dass wir aufhören, unsere Mitlebewesen zur Befriedigung unseres körperlichen Verlangens zu töten."

Albert Schweitzer: „Meine Ansicht ist, dass wir, die für die Schonung der Tiere eintreten, ganz dem Fleischgenuss entsagen und auch gegen reden. So mache ich es selber. Und damit kommen so manche dazu, auf das Problem, dass so spät aufgestellt wurde, aufmerksam zu werden."

Albert Einstein: „Nichts wird die Chance auf ein Überleben auf der Erde so steigern wie der Schritt zur vegetarischen Ernährung."

Manfred Kyber: „Das Elend der Menschen wird solange dauern, wie der Jammer der Tiere zum Himmel schreit."

*

Manchen Menschen sind die tieferen Einsichten in diese höhere Wahrheit über das mitgeschöpfliche Leben zwischen Mensch und Tier bereits in die Wiege gelegt. Ihre „große" Seele hat es bei der Eingeburt in den „kleinen" Menschenkörper gleichsam auf die Gene übertragen. Andere ändern ihre Einstellung zu den Tieren und damit ihre Essgewohnheiten infolge äußerer Eindrücke erst im Laufe ihres Lebens. Diese Beobachtung konnte ich bei dem Gießener Ernährungswissenschaftler Prof. Leitzmann machen: Während seiner Lehrtätigkeit trat er für die gemischte Kost ein, doch später, nach seiner Versetzung in den Ruhestand, setzte er sich für die fleischlose Ernährung ein. In einem Vortrag für das ZDF begründete er seine neue Sicht: Die wachsende

Weltbevölkerung werde auf Dauer nur bei einer Umstellung auf diese Lebensweise ernährt werden können.

Die für Viehwirtschaft genutzte Fläche könne siebenmal so viele Menschen satt machen. Weiterhin zeige ein Vergleich zwischen menschlichen und tierischen Körpern, dass der des Menschen weit mehr dem von Pflanzenfressern gleicht als dem von Raubtieren – vor allem das Gebiss und den Darmtrakt betreffend. Inzwischen liegen mehrere vergleichende Studien vor, die den Vegetariern im Mittel einen höheren Gesundheitsstatus bescheinigen als der übrigen Bevölkerung.

Mehr Informationen hierzu finden Sie in der Schrift „Vorbeugen ist besser als Heilen" von Dr. med. Hans-Günter Kugler. In diesem Buch wird auch auf die Notwendigkeit eingegangen, gewisse Nahrungsergänzungsstoffe einzunehmen, besonders das Vitamin B12. Durch das menschliche Fehlverhalten bei der Ernährung – über lange Zeiträume hinweg – ist B12 zu einem notwendigen Stoff für den menschlichen Körper geworden. Wird es dem Körper nun plötzlich nicht mehr zugeführt, kann dies zu Mangelerscheinungen führen. Doch mit dem langsam hervordämmernden neuen Menschentum wird sich auch dieses ändern.

*

Die Massentierhaltung hat ein weiteres Problem verursacht, das ich hier nicht unerwähnt lassen möchte: Die Bauern wissen nicht mehr wohin mit der Gülle! Beim Ausbringen dieser stinkenden Brühe auf die Felder und Wiesen wird die Luft erheblicher belastet, als es durch Autos auf den Straßen der Großstädte der Fall ist. Entsprechende Messungen haben erst jüngst zu diesen neuen Ergebnissen geführt und tragen nunmehr zu einer weiteren Komplikation globalen Ausmaßes bei. Weiterhin führt diese Verbringung im Boden zu einer Überlastung des natürlichen Bodenfilters und damit zu einer Belastung des Grundwassers mit unvorhersehbaren Folgen für die Trinkwasserversorgung. Ein Teil der Gülle wird vom Regenwasser fortgespült, gelangt in Flüsse und Meere und führt dort infolge der „Überdüngung" zu einer unkontrollierten, vermehrten Algenbildung mit verheerenden Folgen für das Leben in den Gewässern.

Außerdem: Der Methanausstoß der Wiederkäuer soll zu 16 Prozent an der Klimaerwärmung beteiligt sein, weil Methan eine zwanzigfach ungünstigere Wirkung auf die Erwärmung der Atmosphäre habe als Kohlendioxid – keine zu vernachlässigende Größenordnung! Zur Erzeugung von genügend Futtermitteln für Masttiere – wohlgemerkt der westlichen Welt – werden ständig mehr Landflächen benötigt, und dafür wird zurzeit hauptsächlich brasilianischer Urwald gerodet, den man die „Lunge der Erde" nennt. Bei weltweit stetig ansteigendem CO_2-Ausstoß wäre jedoch zur Kompensation auch ein Anstieg der Waldfläche zur Umwandlung von CO_2 in O_2 notwendig. Stattdessen geschieht das Gegenteil – wo bleibt die viel gerühmte Vernunft des Menschen? Inzwischen hat sich zusätzlich gezeigt, dass die gewonnenen landwirtschaftlichen Flächen auf dem Boden des gerodeten Urwalds nach einigen Jahren versteppen und unbrauchbar werden. So geht die Rodung immer weiter. Der im Januar 2019 neu gewählte Präsident, Jair Bolsonaro, will diese Tendenz eher noch fördern, statt stoppen!

Alle diese genannten Problemstellungen – wie Gesundheit, globale Ernährungssicherung, Boden- und Luftbelastung, Zerstörung der Ressourcen – würde ich als äußere

Faktoren bezeichnen. Sie haben weniger zu tun mit der inneren Einstellung des Menschen zu seinen Mitgeschöpfen: den Tieren. Eine Einsicht der meisten Fleischesser in die globalen Zusammenhänge ist deshalb kaum zu erwarten, denn sie fühlen nicht, was sie fühlen sollten: das Unrecht des Tiere-Tötens. Der Schweizer Jean Ziegler, Mitarbeiter der Vereinten Nationen für Ernährungsfragen und international anerkannter Fachmann auf diesem Gebiet, drückte es zutreffend aus: „Der Mensch erwacht erst, wenn ihm selbst das Wasser bis zum Hals steht."

Die göttlichen Gesetze

Nach dem Kausalgesetz von Ursache und Wirkung fallen sämtliche Lebensäußerungen des Menschen – sei es in Form von Gefühlen, Gedanken, Worten oder Taten – wieder auf ihn zurück. Dies gilt im Positiven wie im Negativen. Alles wird in Gottes All-Speicher-System aufgezeichnet, sowie in die menschliche Seele „eingraviert". Bedenken Sie: jedes Wort! Der Mensch soll sich nicht täuschen: Die Seele nimmt diese Gravur mit hinüber ins Jenseits und bringt sie bei einer neuen Inkarnation wieder mit auf die Erde, in ihr nächstes Leben. Nichts wird einfach so gelöscht! Alle positiven Lebensäußerungen wirken sich in einer Höher-entwicklung der Seele aus, alle negativen bedeuten für die Seele Stagnation. So wird die Seele alles Leid und Unrecht, welches „ihr Mensch" anderen zugefügt hat, an sich selbst wieder durchleiden, entweder im Jenseits oder als Mensch in einer neuen Einverleibung. Da auch Tiere Gottes Geschöpfe sind und genauso wie wir Menschen Angst, Schmerz usw. empfinden, wird der Mensch, der ihnen Unrecht antut, entsprechendes Leid an sich erfahren. Dieser Schmerz wird ihn in anderer Form oder Gestalt selbst wieder treffen, aber er wird die gleiche Stärke des ursprünglichen Ereignisses haben. Viele Menschen betrachten das Leid, das den Menschen in vielfältiger Gestalt trifft, als eine Strafe Gottes. Dies ist ein großer Irrtum, der auf Unkenntnis dieses Kausalgesetzes beruht. Dieses Leid ist lediglich und logisch die Wirkung der von ihnen einst selbst gesetzten Ursachen. In der Kausalität begründet sich also Gottes Gerechtigkeit.

Wie hätte ich selbst ahnen können, als mir der Biologe Peter Bernickel damals in Bonn riet, alle Nahrung tierischen Ursprungs zu vermeiden, dass dies eine so umfängliche Erkenntnis beträfe! Es geht für mich inzwischen längst nicht mehr bloß um die Überlegenheit pflanzlicher Proteine gegenüber den tierischen, also bloß um ein Heilwerden meines menschlichen Körpers, sondern vielmehr um das Heilwerden meiner Seele. Den meisten Lesern wird die Tiefgründigkeit dieses Problems bisher nicht bekannt gewesen sein. Zu dieser wirklich tiefen Einsicht ist die Menschheit auch erst durch die Prophetie der Jetzt-Zeit – genauer gesagt, innerhalb der letzten vier Jahrzehnte – neu hingeführt worden. Der Mensch hat also jetzt die Wahl, dies alles zu glauben und sein Leben danach neu auszurichten – oder es zu lassen. Mir ist bewusst, dass sich mancher durch meine Ausführungen einfach in seiner Ruhe gestört fühlen könnte, doch wegen der elementaren Wichtigkeit der angesprochenen Thematik – für eine positive Bilanz am Ende unserer Erdenreise – möchte ich alles Wesentliche noch einmal zusammenhängend darstellen:

Die dieser Schrift zugrunde liegende Sichtweise ist durch die genannte heutige Quelle, für die Gabriele die Überbringerin darstellt, bestärkt worden. Da zahlreiche Informationen aus Veranstaltungen, Schulungen und Offenbarungen stammen, an denen ich persönlich über viele Jahre hinweg teilgenommen habe, ist es mir nicht möglich, detaillierte Einzelheiten immer in Verbindung mit den entsprechenden Quellen zu benennen. Doch das gesamte Wissen ist jedem interessierten Leser dieses Buches offen zugänglich im „Zentrum des Freien Geistes" in Marktheidenfeld oder unter www.gabriele-stiftung.org.

Wir alle sind geistige Wesen und wohnen nur vorübergehend in materiellen Menschenkörpern – von der Geburt bis zum Tod. Unser Geistleib ist auch der Träger unseres Bewusstseins. Bei unserem physischen Tod stirbt nur die äußere Hülle, und unsere wahre Existenz (Seele) kehrt wieder zurück in jene andere Seinsform, aus der sie einst bei unserer Geburt kam. Dies ist eine Tatsache, auch wenn sie manchem weltverhafteten Menschen nicht gefällt.

Einst verließen wir unsere wahre Heimat, das Reich Gottes – als gefallene Engel. Erst seit der Erlösertat[13] Jesu ist uns die Rückkehr in den Himmel wieder möglich. Doch diese Rückkehr ist an bestimmte Gesetzmäßigkeiten und Bedingungen gebunden. Der durch uns selbst, während des Falls („Engelsturz"), belastete bzw. verunreinigte Geistleib muss auch durch uns selbst wieder gereinigt und in seinen ursprünglichen Zustand versetzt werden. Die Behauptung, Jesu habe dies bereits durch seinen sogenannten „Opfertod" für uns getan, ist eine Lüge.

Im Himmel vermag keine einzige negative Empfindung zu existieren, deshalb erhalten wir dort erst dann wieder Einlass, wenn wir eine Vollkommenheit – frei von Negativität – erreicht haben. Jeder mag selbst einschätzen, wo er im Prozess der Vervollkommnung steht.

Jesus brachte mit seiner Bergpredigt die höchste Himmelslehre zu den Menschen: die Gottes- und Nächstenliebe. Sie kann als der kürzeste Weg zurück in das Reich Gottes angesehen werden. Doch wie es mit der Umsetzung dieser Lehre bestellt ist, sieht man am Zustand dieser Welt.

---

[13] *Die Erlösertat bestand nicht in der Ermordung Jesu*

Die Manifestation (Materie) wurde von GOTT zugelassen, damit sich daraus letztendlich der Menschenkörper bilden konnte – und die Erde als vorübergehender Aufenthaltsort für uns, die gefallenen Engel. Während einer Erdenreise hat eine Seele die Chance, ihre Höherentwicklung schneller zu absolvieren, als sie es in der geistigen Welt bewerkstelligen könnte. Dort bräuchte sie Äonen dafür, denn im Vergleich zum irdenen Leben geht die Entwicklung in der Jenseitswelt nach menschlichen Begriffen unvorstellbar langsam vor sich und für die Seele viel schmerzhafter.

Die rasche Aufwärts-Entwicklung erfordert aber ein konsequentes Leben nach den Vorgaben Jesu. Damit der Mensch sein Erdenleben in bestmöglicher Weise nutzen kann, lehrt der Himmel für die Willigen den „Inneren Weg" – ein besonderer Schulungsweg, der den Menschen nach innen führen, seiner Innenwelt zuführen soll. Weiterhin wird der „Weg der Bereinigung" gelehrt: Auf diesem Weg besteht die Möglichkeit, Belastungen aus früheren Erdenleben durch die Kraft Christi zu neutralisieren, bevor sie zur Wirkung kommen. Welch eine Chance in diesem Erdenleben! Jedoch erfordern diese Wege volles Vertrauen in die Kraft Christi und persönliche Disziplin. Der Glaube allein, wie vielfach behauptet wird, genügt nicht.

Erkennen Seele und Mensch diese Chance nicht und führen ein Leben gegen Gottes Gesetze, dann stagniert die Seele oder es entstehen womöglich neue Belastungen. Dann schenkt der Ewige einer solchen Seele erneut ein Erdenleben und damit wieder eine neue Chance. Alles vorher und bis dahin erworbene Wissen ist dann aber, aus gutem Grund, zunächst wieder verborgen. Dadurch wird ein unbelasteter „Neustart" geboten. GOTT lässt diese wiederholten Einverleibungen aus Gnade zu, jedoch bedeutet dies nicht, dass sie von IHM auch gewünscht sind. Vielmehr möchte ER, dass der Mensch in seinem Erdenleben das Liebe-Gebot Jesu so vollständig umsetzt und verinnerlicht, dass keine erneute Erdenreise notwendig wird.

*

Da der Mensch keinerlei Kenntnisse über seine wahre Herkunft hat und über den Sinn seiner Erdenreise, sandte der Ewige zu allen Zeiten seine Boten, die Propheten, zu den Menschen, um sie darüber aufzuklären. Doch diese Boten der Wahrheit wurden stets von den zutiefst Gefallenen, den Anführern des Engelsturzes, verfolgt und oftmals auch umgebracht. Die Interessen dieser Dämonen wurden zu alttestamentarischer Zeit auf der Erde von der Priesterschaft des Baal wahrgenommen – eine Bezeichnung, die auf die abtrünnige Anbetung des kanaanitischen Gottes Baal zurückgeht. In der heutigen Zeit wird deshalb von geistiger Seite von dem „System Baal" gesprochen. Von Anbeginn war das Bestreben dieser Dämonen darauf ausgerichtet, Gottes Schöpfung aufzulösen, um eine eigene hervorzubringen. Die Machenschaften des Systems Baal werden in dem Buch „Das Kettenopfer", Gabriele-Verlag Das Wort, detailliert dargestellt.

Jesus sagte zu den Priestern seiner Zeit: „Ihr habt den Teufel zum Vater". ER überbrachte ihnen erneut die Wahrheit aus dem Himmel, doch auch diese wurde – wie alle Jahrhunderte zuvor – von dieser Priesterschaft bekämpft und Jesus wurde umgebracht. Durch Jesu Kommen auf die Erde wurde die Absicht der Finsternis dennoch durchkreuzt und für alle Zeiten unmöglich gemacht – das dahinterstehende

71

Prinzip zu begreifen, ist jedoch unserem rationalen Verstand kaum möglich.

Nach seiner Ermordung bildeten sich urchristliche Gemeinschaften, die in seinem Geiste, nach seinen Lehren zusammen lebten – ohne Priester, Riten, Sakramente, Altäre usw. Doch das System Baal unterwanderte ihre Lebensweise: Aus dem früheren Heidentum bildeten sich wieder Priesterschaften heraus, welche Jesu wahre Lehre verdrehte und das reine Tat-Christentum in ein Schein-Christentum verkehrte. Zur Durchsetzung besonderer Ritualstrukturen setzten sie im Jahre 360 n. Chr. den aus dem Heidentum bekannten Altar (wieder) ein. Im Übrigen: Das Kennzeichen aller Priester-Religionen sind rituelle Handlungen, mit denen sie die Gläubigen an ihre Machtstrukturen banden. Von solchen Riten und Zeremonien ist – wie man es heute überall noch vorfindet – die katholische Liturgie geradezu überfrachtet.

Von Jesus ist jedoch kein einziges Ritual überliefert. Selbst der sogenannte „Taufbefehl" dürfte ein Produkt der Bibelfälscherei sein. Die Taufe von Säuglingen und Kleinkindern verstößt klar gegen das Geschenk des freien Willens, das GOTT jedem Menschen zugesteht. Die Lehre von der Wiederverkörperung war sein Gnadengeschenk an seine gefallenen Kinder – vor Origenes wurde sie noch gelehrt. Wie ging die Kirche damit um? Auf dem Konzil in Konstantinopel im Jahr 553 n. Chr. verketzerte sie deren Wahrheitsgehalt und stellte jeden, der daran glaubte, unter einen Fluch, was so viel hieß wie: für alle Ewigkeit in die Hölle verbannt zu werden. Sie lehrte unverhohlen einen Rachegott, der seine eigenen Geschöpfe im Feuer leiden ließe! Kein Wunder, die Lehre der Reinkarnation musste der Kirche ein spitzer Dorn im Auge gewesen sein, denn das darin wirksame Prinzip der Selbstentwicklung machte automatisch die priesterlichen „Dienstleistungen" überflüssig. Wenn GOTT selbst seinen Kindern immer wieder eine neue Chance gewährte, dann bedurfte es keiner Rituale, Opfer, Beichten und sonstiger angeblich heilsnotwendiger Sakramente.

*

Aus vielen Gesprächen mit abendländisch geprägten Menschen ist mir die ablehnende Haltung gegenüber der Vorstellung bekannt, der Mensch könne wiederholt auf diese Erde kommen, um in mehreren Erdenleben die eigene seelische Entwicklung voranzubringen. Diese Aversion ist umso deutlicher zu spüren, je näher der betreffende Mensch einer der großen Kirchen – insbesondere der römisch-katholischen – steht, da die sogenannte christliche Theologie jede Prä-Existenz der Seele ablehnt und auch nicht toleriert, wenn die Gläubigen sich dieser erfahrbaren Wahrheit zuwenden oder sie sogar selbst an sich erfahren. Stattdessen lehrt sie die Entstehung der Seele bei der Zeugung des Menschen und lässt nichts anderes gelten. Doch alle Botschaften aus der geistigen Welt, die mir in den letzten Jahrzehnten selbst zugekommen sind, sagen ganz eindeutig: GOTT schuf uns vor undenkbaren Zeiten, in seinem Reich und nach seinem Ebenbild, das heißt, als vollkommen reine Wesen.

Danach fand aber nun mit unserem derzeitigen Erdenleben zweifelsfrei eine Einverleibung der Seele statt - unabhängig davon, ob eine Seele nur ein einziges dieser Erdenleben absolvierte oder mehrere in Folge, um ihren ursprünglichen Vollkommenheitszustand wiederzuerlangen, bleibt die Frage offen: Wie kann der Mensch nun wissen,

73

ob es sich um seine erste oder bereits um eine weitere Einverleibung handelt? Er kann sich ja nicht einmal mehr an seine Geburt im derzeitigen Leben erinnern, geschweige denn an irgendetwas, das noch davor geschehen war. Angenommen, jemand befindet sich auf seiner zehnten Erdenreise, dann glaubt er trotzdem, es sei seine erste und vor allem einzige. Es ist zwar nur seine Menschenmeinung, doch wenn er sich dessen nicht bewusst wird, wird er auch alle jene Botschaften ignorieren, die ihn über die Wahrheit seines Daseins aufklären könnten. Ob in der Antike Pythagoras, im Fernen Osten Buddha, Origenes zurzeit der Urchristen und all die anderen früheren Propheten – sie alle drangen mit ihren Botschaften nicht zu den Menschen durch. In der moderneren Zeit sind z. B. die Kundgaben durch Johannes Greber oder Beatrice Brunner zu nennen, vor allem Gottes Übermittlerin Gabriele – auch sie werden von den meisten Menschen nicht gehört.

Eines ist allerdings bei alledem klar: Nur die Lehre von der Wiederverkörperung erklärt in Verbindung mit dem Ursache-Wirkung-Gesetz überhaupt alles Leiden, welches jeden Menschen auf seiner Erdenreise trifft – egal, ob er schon oft gelebt hat oder das erste Mal inkarniert ist. Alles Leid würde ja sonst dem Zufall zugesprochen, und dann wäre der liebende GOTT ein schrecklicher Gott, der beliebig und willkürlich dem einen mehr, dem anderen weniger Unglück und Schmerz geschehen ließe. Zufall ist ein illusorisches Prinzip, welches nur eine Menschenerfindung ist. Zufall gibt es gemäß dem Kausal-Gesetz von Ursache und Wirkung – Karma – gar nicht.

Heute lehrt der Himmel, im Reich Gottes beruhe alles auf Kommunikation – Senden und Empfangen. Jeder empfängt das wieder, was er zuvor ausgesendet hat, oder wie Paulus sagte: „Was der Mensch sät, das wird er ernten." Das Kausalgesetz beherrscht unser Erdenleben vollständig, denn jede unserer Lebensäußerungen – alles, was wir denken, fühlen, sagen und tun – wird genauestens „registriert" und fällt nach bestimmten Gesetzmäßigkeiten wieder auf uns als Verursacher zurück. Es ist Energie, die nicht verloren geht. Der Mensch soll sich nicht täuschen: Jeder noch so leistungsfähige Computer ist ein Nichts gegen Gottes Speicher- und Registraturmöglichkeiten. Sind unsere Lebensäußerungen also gegen die göttliche Wahrheit gerichtet, führt das zu weiteren Belastungen unserer Seele, und am Ende wird keine Höherentwicklung erreicht werden – wieder eine weitere Ursache, die zu einer Wirkung führt, nämlich eine neue Einverleibung erwarten zu müssen.

Botschaften der Jetzt-Zeit

Was hat das alles nun mit der Frage nach dem Verzehr von Fleisch zu tun? Ausführlich wurde bisher dargelegt, warum im Neuen Testament keine Aussagen Jesu zu finden sind über das Verhältnis des Menschen zu den Tieren. Die Offenbarungen hierzu, in der Jetzt-Zeit – durch Gottes Botschafterin Gabriele –, sind jedoch eindeutig: An einer Stelle heißt es, solange der Mensch Fleisch esse, bleibe er an das „Rad der Wiederverkörperung“[14] gebunden, denn Fleischverzehr bedinge den gewaltsamen Tod des Tieres, (den wir zu verantworten hätten).

An anderer Stelle heißt es, der zum Geistigen erwachte Mensch werde von sich aus – ohne äußeren Anstoß – auf Fleischverzehr verzichten. Seine Seele bringe diese Achtung vor allem Leben bereits mit in dieses Erdenleben. Die Umkehrung dieses Satzes könnte so lauten: Der Fleisch verzehrende Mensch ist noch wenig vergeistigt. Doch das sollte differenziert gesehen werden. Bei manchen bedürfte es vermutlich nur noch eines geringen Anstoßes, um sich vegetarisch zu ernähren.

In dem gewaltigen Werk „Das ist Mein Wort. Alpha und Omega. Das Evangelium Jesu“[15] warnt Christus jedoch vor Fanatismus: Es werde manchen Menschen wenig nützen, wenn der Fleischverzicht einer Kasteiung gleichkomme.

---

[14] *Die buddhistische Terminologie sagt: „Rad der Wiedergeburt“ – im Sinne eines Kreislaufs.*

[15] *Übermittelt durch Gabriele; Gabriele-Verlag Das Wort 2019.*

Wenn die alten Gewohnheiten zu stark seien und der innere Mensch noch nicht so weit sei, dann komme es meist zu einem Rückfall. Das Unterlassen des Fleischessens müsse also in der rechten Beziehung zu dem gesamten inneren Menschen stehen. Ein Mensch, der wohl den Weg des Christus einschlagen möchte, solle lieber den Fleischkonsum langsam reduzieren, um sich allmählich umzugewöhnen, damit er mit der Umstellung gut zurechtkomme. Ein solcher Mensch, dem Christus diese sensible Vorgehensweise rät, weiß womöglich nicht, in der wievielten Einverleibung er gerade lebt. Er hat keine Erinnerungen an seine früheren Erdenleben.

Damit er nicht in vollständiger Unwissenheit und damit in geistiger Dunkelheit durch dieses Leben geht, informieren ihn die Botschaften der Jetzt-Zeit aus dem Himmel über den Sinn seines Erdenlebens. Doch was geschieht, wenn dunkle Mächte diese Wahrheit vor ihm verfälschen oder sie in ihm ganz unterdrücken? Dann bleibt dieser Mensch ein blinder Wanderer. Er fragt sich beispielsweise, wenn ihm ein schweres Unglück geschieht: „Warum hat es mich getroffen?" Der ebenfalls blinde Priester sagt: „Das sind Gottes unerforschliche Geheimnisse", oder er redet gar von einem strafenden Gott. Unser Wanderer weiß natürlich nicht, wofür er diese Strafe erhalten haben soll – im Gegensatz zu einem Wissenden, der begreift, dass ihn nur das trifft, was er einst selbst verursacht hat, sei es auch bereits mehrere Inkarnationen früher gewesen. Niemand anderen, auch nicht GOTT, kann er dafür verantwortlich machen – die Kausalität ist ein präzises Instrument, die gesetzte Ursache ist genauestens vermessen, gespeichert und wird durch nichts einfach so gelöscht oder unwirksam. In diesem Sinne ist Kausalität das, was wir absolute Gerechtigkeit nennen können. Sobald unser Wanderer über diese Gesetzmäßigkeit Bescheid weiß, ist er nicht mehr blind, sondern er kann durch tiefere Einsicht alles besser ertragen – und wie bereits erwähnt, braucht es auch nicht zum „Ausbruch" der Wirkungen zu kommen, vorausgesetzt der Wanderer beschreitet den Weg der Bereinigung. Die Frage nach dem Verzehr von Fleisch wird ein Aspekt in seiner Höherentwicklung sein, denn sie klärt sein inneres Verhältnis zu allem Leben. Als nun Wissender wird er sein Leben so führen, dass er sich selbst keine neuen Seelenbelastungen aufbürdet – soweit es ihm menschenmöglich ist.

*

Sollten Sie, liebe Leser, Ihr Leben bisher bloß unter materialistischen Gesichtspunkten verstanden haben und beispielsweise die Existenz einer Seele für ein fantastisches Märchen halten, dann lesen Sie bitte die Geschichte im nächsten Kapitel, denn es wäre möglich, dass Sie dadurch zu neuen Einsichten kommen – sie handelt von einem Mann, der selbst Anhänger dieses Weltbildes war, aber nach einem schweren Schicksalsschlag die hochgeistigen Phänomene an sich selbst erleben musste, sodass sein Verständnis vom Leben ins Wanken geriet und er sich auf die Suche nach der Wahrheit begab.

Jedem einzelnen Menschen stellt GOTT für die Dauer seiner Erdenreise einen geistigen Begleiter zur Seite. In früheren Zeiten, als die Menschen noch mehr um diese Gegebenheiten wussten, sprachen sie vom „Schutzengel". Doch dieser hat keine menschlichen Sprechwerkzeuge und kann sich dem Menschen auch nicht direkt zu erkennen geben, nur indirekt: Über die Seele wirkt er auf das Gehirn des Menschen ein, sodass dieser ihn als die innere Stimme – das Gewissen – wahrnimmt, die stets aus der Wahrheit zu ihm spricht.

In diesem Zusammenhang sollte erwähnt werden, dass jene geistige Welt in unsere materielle hineinschauen kann, wir umgekehrt aber nicht in jene. Es gilt das Prinzip: Das Höhere vermag das Niedere zu durchdringen, nicht aber umgekehrt. So sieht unser Schutzgeist jede unserer Handlungen und vernimmt jedes Wort. Ja, weit mehr noch, er erkennt unsere Gedanken. Wenn Sie, liebe Leser, das nicht so ohne Weiteres glauben können, dann lesen Sie einmal das Buch „Ich war klinisch tot" des Schweizer Architekten Stefan von Jankovich, in dem er seinen klinisch toten Zustand nach einem schweren Autounfall beschreibt. Eindringlich wird geschildert, wie er die Gedanken der am Straßenrand stehenden Menschen wahrnehmen konnte.

Da unser Begleiter aus dem Geiste unsere Absichten bereits im Voraus erkennt – also bevor wir sie in Worte oder Taten umsetzen –, kann er uns warnen, sollten diese gegen göttliche Gesetze sein. „Halt! Tu das nicht!", sagte beispielsweise diese Stimme meines Gewissens, gegen die ich jahrelang gehandelt habe, indem ich Tiere tötete, um ihr Fleisch zu essen. Es waren zwar keine echten Worte, aber ein sehr deutlich spürbarer Widerstand, der dem Inhalt dieser Worte exakt entsprach.

*

Das gewaltige Geschehen unserer Existenz umfänglich in dieser Schrift darzulegen, ist nahezu unmöglich und auch nicht beabsichtigt. Es gehört nur insoweit zum Thema des Buches, wie es ein tieferes Verständnis der Mitgeschöpflichkeit der Tiere und unserer kausalen Verantwortlichkeit ihnen gegenüber überhaupt erst ermöglicht – in der ganzen Tragweite. Zu allererst stellt sich die große Frage nach dem Warum unserer menschlichen Existenz. Der Arzt und Schriftsteller Carl-Ludwig Schleich fand im ausgehenden 19. Jahrhundert dazu folgende Worte: „Ohne ein Leben nach dem Sterben bleibt dieses Leben ein fantastisches Chaos, die Erde ein unbegreifliches Massengrab und unser Geborensein ein Verbrechen, auf das die Todesstrafe gesetzt ist. Verstanden werden kann das Leben nur im Lichte der Ewigkeit." Das ist aber keine wirkliche Erklärung: Alles begann mit dem sogenannten „Engelsturz" – dem Auszug eines Teils der geistigen Wesen aus dem Reich Gottes, das wir auch als den „Himmel" bezeichnen. Wir, die wir heute Menschen sind, gehörten einst zu diesen Wesen, die damals – also vor so langen Zeiten, wie sie der Menschenverstand nicht zu fassen vermag – den Himmel verließen. Doch durch diesen Fall ist uns alles Wissen um unsere Herkunft und unser wahres Sein verloren gegangen. Nur die jenseitige Welt vermag uns hierüber aufzuklären, oder besser gesagt, uns daran zu erinnern.

Im Folgenden möchte ich den interessierten Lesern die Gelegenheit geben, weiterführende Hinweise in der vertiefenden, weiterführenden Literatur zu finden:

*Prof. Walther Hinz; „Neue Erkenntnisse über die Schöpfung Gottes"; ABZ Verlag 1992 – Auskünfte des Geistlehrers Josef über das Schweizer Tieftrancemedium Beatrice Brunner.

*Johannes Greber; „Der Verkehr mit der Geisterwelt Gottes", Verlag Leuchterhand 2011 – Greber war katholischer Pfarrer, bis sich ihm die geistige Welt offenbarte und ihn in alle großen Fragen nach dem Woher, Warum und Wohin unseres Lebens einweihte. Daraufhin verließ er die Kirche.

*„Ursache und Entstehung aller Krankheiten"; Gabriele Verlag Das Wort 2015 – eine Offenbarung und umfassende Aufklärung von Christus über die Schöpfung, den Fall, das Kausalgesetz und vieles mehr, verfasst durch die Botschafterin Gabriele.

*„Erkenne und heile dich selbst durch die Kraft des Geistes"; Gabriele Verlag Das Wort 2017 – eine Offenbarung des Cherubs der göttlichen Weisheit über die rechte Lebensführung, verfasst durch die Botschafterin Gabriele.

*Gabriele; „ Das Leben und Sterben, um weiterzuleben: Jeder stirbt für sich allein"; Gabriele Verlag Das Wort 2019

– eine detaillierte Beschreibung des Sterbevorgangs und dessen, was danach geschieht.

*Gabriele; „ Ein Frauenleben im Dienste des Ewigen: Mein Weg als Lehrprophetin und Botschafterin Gottes in dieser Zeitenwende“; Gabriele Verlag Das Wort 2016 – Gabriele beschreibt in diesem Buch ihre Berufung und Ausbildung zur Botschafterin Gottes.

*„Das ist Mein Wort. Alpha und Omega. Das Evangelium Jesu“; Gabriele Verlag Das Wort 2019 – eine Offenbarung von Christus über die Ereignisse von vor 2.000 Jahren und den Zustand der heutigen Welt und über den Ausblick auf das Friedensreich, verfasst durch die Botschafterin Gabriele.

*

Vielleicht werden Sie sich fragen, was konkret es mit der angesprochenen Höherentwicklung der Seele auf sich hat, denn das habe ich bislang nicht näher erläutert. Welchem Ziel dient dieser „Aufstieg“ letztendlich? In der angeführten Literatur werden Sie dazu ausführlich informiert, daher möchte ich hier nur die Essenz aus meiner Sicht zusammenfassen: Mit dem Fall verließen wir einst unsere geistige Heimat – eine Herrlichkeit, die sich nicht wirklich vorstellen lässt. Unserem Schöpfer – GOTT – lag jedoch sehr daran, alle seine gefallenen Kinder wieder zurückzuholen. Seit der Erlösertat Jesu befinden sich alle Seelen (und damit alle Menschen) wieder auf der „Heimreise“ – ob dies dem Einzelnen bewusst ist oder nicht. Doch „betreten“ können wir unsere wahre Heimat erst dann wieder, wenn unsere Seele die Vollkommenheit zurück erlangt hat – so wurde es vor 2.000 Jahren von Jesus angekündigt in Matthäus 5, Vers 48: „Darum sollt ihr vollkommen sein, wie euer Vater im Himmel vollkommen ist.“

Vom Schicksal zur Einsicht

Der Mann in der folgenden wahren Geschichte hatte – und mit ihm seine ganze Familie – hat sämtliche Einzelheiten seines Schicksals authentisch niedergeschrieben und mir für dieses Buch zur Verfügung gestellt. Wenn ich „Schicksal" sage, dann wissen Sie inzwischen längst, dass ich kein irgendwie geartetes willkürliches Geschehen nach dem Zufallsprinzip meine, sondern ein Geschehen, das auf dem Ursache-Wirkung-Prinzip beruht. Alles unterliegt diesem Prinzip – es gibt nur eine Ausnahme, nämlich solche Taten, die ein Mensch durch Mutwillen und Leichtsinn begeht. Wie durch die Prophetie der Jetztzeit klargestellt wird, sind alle anderen Erklärungsversuche nur Menschenmeinungen. Weder wird den Menschen Leid von einem strafenden Rachegott zugefügt noch von einem Gott der Willkür. Was wäre das für ein entsetzlicher Gott, der dem einen willkürlich schreckliches Leid zufügt, während er den anderen verschont. Das Zufalls-Prinzip ist in der kosmischen Ordnung nicht vorgesehen, denn es gibt nur das karmische Gesetz.

Doch lassen wir den Mann nun selbst zu Wort kommen:

„Unser verstorbener Sohn litt seit seiner Geburt an Einschlafstörungen. Wenn er im Kinderbett auf dem Rücken lag, bewegte er sein Köpfchen oft stundenlang hin und her. Der Hausarzt meinte, irgendwas stimme nicht im Kopf, er wisse aber nicht was. In der Kindergartenzeit verließ er oft nachts sein Bett und spielte stundenlang in seinem Zimmer. Die Schulzeit war geprägt von Phasen gesteigerter Hyperaktivität, stark schwankender Leistungsfähigkeit und Neigung zu Depressionen. Sein Verhalten zeigte oft auffallend leichtsinnige Züge. In einer depressiven Phase schnitt er sich im Alter von 15 Jahren die Pulsadern auf. Wir fanden ihn mit verbundenem linken Handgelenk im Bett liegend. Vor dem Bett eine Blutlache. Vermutlich hatte er noch rechtzeitig erkannt, dass dies kein wirklicher Ausweg war. Glückliche und depressive Phasen wechselten sich ab. Wenn er nachts nicht schlafen konnte, surfte er stundenlang bis zur Erschöpfung im Internet und suchte nach Erklärungen für seinen unausgeglichenen psychischen Zustand. Manchmal betäubte er sich mit Alkohol, danach konnte er ausgiebig schlafen.

Während seines Studiums nahm er vor Klausuren und Prüfungen größere Mengen an Schlafmitteln, blutdrucksenkende Tabletten und Psychopharmaka. Den Alkoholkonsum hatte er nach und nach komplett eingestellt. Um seiner beruflichen Tätigkeit gewachsen zu sein, begab er sich mehrere Jahre auf Anraten seines Hausarztes zu einem auf Stoffwechselerkrankungen spezialisiertes Ärzteteam in Behandlung. Neben psychologischer Betreuung wurden viele Medikamente getestet, doch alles brachte keinen Erfolg. Die massive Störung der Neurotransmitter konnte nicht behoben werden. Schlussdiagnose: wahrscheinlich Gendefekt, nicht heilbar. Sein Körper war erschöpft und ausgebrannt, er sehnte sich nur noch nach Ruhe und Schlaf, den er aber meistens nicht fand. Er brach die Kontakte zu seinem früheren umfangreichen Freundeskreis ab und wurde immer einsamer. Die Einnahme von Beruhigungs- und Schlafmitteln aller Art nahm drastisch zu, er hatte sich aufgegeben, unsere Ratschläge erreichten ihn nicht mehr. Durch eine Überdosis blutdrucksenkender Medikamente und Schlaftabletten schied er aus dem Leben.

Auf einem Zettel auf einem Tisch seiner Wohnung stand handschriftlich: „Neben meinen Depressionen gehe ich jeden Morgen aus dem Haus. Ich kann nicht mehr und möchte das Leben beenden. Bin weg. Entschuldigung."

Auf der Rückseite eines Wandkalenders fand ich später folgende Bemerkung: „Ich kann nicht mehr. Jede Nacht habe ich Angst vor dem Morgen."

Völlig verzweifelt hatte er seine Leidenszeit beendet.

In einem Abschiedsbrief mit der Überschrift „Hallo, meine lieben Eltern" brachte er all seine Verzweiflung zum Ausdruck: „Ich bin jetzt hoffentlich an einem besseren Ort – vielleicht im Himmel – wer weiß! Auf jeden Fall kann es nicht schlechter gehen, als es auf der Erde war. Ich glaube, dass mein Leben von Anfang an unter einem schlechten Stern stand. Gott hat mir scheinbar viel Gutes mitgegeben. Ich sah gut aus, war stark und nach außen kerngesund. Der Preis für diese oberflächlichen Annehmlichkeiten sollte die innere Unausgeglichenheit und Depressionsaffinität sein, welche ich schon von Kindesbeinen an mit mir rumschleppe. Ich glaube, dass alles, so wie es sich entwickelt hat, von Anfang an wie in einem Buch festgeschrieben stand – so kann niemand seinem Schicksal entrinnen. Ich möchte einfach nur noch in Frieden schlafen und alle Ängste und die Schmerzen hinter mir lassen. Ich freue mich auf die Ruhe!"

Da sein Leichnam trotz aller Bemühungen nicht gefunden wurde, vereinbarte meine Frau auf Anraten einer Freundin ein Gespräch mit einer ihr bekannten hellsichtigen Frau (im Weiteren hier kurz als Medium bezeichnet). Ich konnte mir jedoch nicht vorstellen, dass von dort irgendeine Hilfe zu erwarten wäre. In meinem materialistischen Weltbild gab es keinen Raum für derartige Vorstellungen. Eine den physischen Tod überlebende Seele war für mich ebenso wenig vorstellbar wie Himmel und Hölle. Alles, was über die mir bekannten Naturgesetze hinausging, war für mich nichts weiter als esoterische Fantasie und Aberglaube. Ich war als Atheist davon überzeugt, dass die materialistische neodarwinistische Konzeption der Natur richtig ist. Es sollte jedoch ganz anders kommen.

Gleich beim Eintritt meiner Frau in das Arbeitszimmer des Mediums sagte diese: „Dein Sohn ist tot, er hat schon mit mir Kontakt aufgenommen." (Anmerkung des Verfassers: Er hatte also bereits diese Verbindung aufgenommen, weil er um das Kommen seiner Mutter wusste). Danach beschrieb sie seine Gestalt, sein Gesicht sowie die Kleidung, die er bei seinem Tod getragen hatte. Alles stimmte überraschend genau. Weiterhin teilte sie meiner Frau mit, er habe sich am Sterbeort auf seine Jacke übergeben und danach noch einmal Tabletten nachgelegt. Über den Sterbeort konnte sie noch keine weiteren Angaben machen.

Nach einiger Zeit meldete sie sich wieder. Unser Sohn hätte Kontakt mit ihr aufgenommen und sie hätte einen Hinweis auf den Sterbeort erhalten: „Er sitzt schräg angelehnt an einem Baumstamm, an einem Steilhang auf feuchtem Laub. Unterhalb und rechts von dieser Stelle führt in nicht weiter Entfernung eine asphaltierte Straße vorbei. Waldbesucher sind oberhalb von ihm vorbeigegangen, ohne ihn an dem Steinhang zu bemerken. Ich sehe um ihn herum nur Laubbäume, außerdem bin ich sicher, dass er spätestens nach sechs Monaten gefunden wird." Also suchte ich Steilhänge im Laubwald in der Nähe von asphaltieren Straßen ab, leider ohne Erfolg.

Nach einer Weile meldete sich unser Medium erneut und teilte uns mit, der Geist unseres Sohnes habe sich erneut gemeldet. Was sie mit Geist meinte, verstand ich damals noch nicht. Jedenfalls sagte sie uns, unser Sohn wäre ihr nicht alleine erschienen. Im Hintergrund hätte sich ein jüngerer Mann in Soldatenuniform aufgehalten. Sie hätte sich informiert und diese Uniform eindeutig als Wehrmachtsuniform identifiziert. Was soll dieser Unsinn?, dachte ich mir, denn von meiner Familie hat nur mein Vater am Zweiten Weltkrieg teilgenommen, und der lebte noch.

Zu dieser Zeit merkten sowohl meine Frau als auch ich, dass sich um uns herum merkwürdige, unerklärliche Erscheinungen ereigneten. Aufgrund der verzweifelten Lage, in der wir uns befanden, dachte ich anfangs, dies sei eine Überreizung unserer Sinne und Nerven. Doch diese Erscheinungen wiederholten und verstärkten sich. Wir hatten das Gefühl, als würden unsere Haare elektrostatisch aufgeladen und als liefen Spinnen über unser Gesicht. Langsam wurde mir klar, dass es die Auswirkungen eines wandernden Energiefeldes waren. Ich beobachtete die Vorgänge genauestens und bemerkte, dass wir nie beide gleichzeitig berührt wurden und dass die Kraft bzw. das Energiefeld immer von der Seite des berührten Partners her kam. Das Energiefeld wanderte also zwischen uns hin und her. Im Schlafzimmer bemerkten wir nachts, wie sich abwechselnd dunkle Schatten und eine Art weißer Nebel an der Decke bewegten. Wir bemerkten diese Erscheinungen in der Regel gleichzeitig und unabhängig voneinander. Meine Frau sah, wie sich der weiße Nebel auf mich herabsenkte. Danach war ich elektrisiert von den Haaren bis zur Fußspitze.

Eines Abends sahen wir vom Wohnzimmer aus durch die Glastür, wie das Licht im Flur mehrfach an- und ausging, obwohl außer uns niemand im Haus war. Dieser Vorgang hat sich mehrmals wiederholt. Telefongespräche, in denen es um diese Phänomene ging, wurden unterbrochen – der Ton wurde leiser und die Verbindung gekappt.

Mein bis dahin so gefestigtes materialistisches Weltbild geriet durch diese Erlebnisse ins Wanken. Sollte an den Kundgaben unseres Mediums doch etwas dran sein? Und dann die völlig unerklärlichen Vorgänge in unserem Haus! Sie waren da, ich konnte sie nicht ignorieren. Von einem guten Bekannten wusste ich um ähnliche Vorgänge in seinem Haus nach dem Unfalltot seiner noch sehr jungen Tochter. Damals lachte ich überheblich darüber. Obwohl schon einige Jahre im Ruhestand, wurde mein Lieblingsfach Physik zu neuem Leben erweckt. Intensiv durchforstete ich das Internet nach diesen Phänomenen und den neuesten Erkenntnissen der Quanten- und Astrophysik, bis mir langsam klar wurde, wie wenig Kenntnisse wir Menschen über die Zusammenhänge unseres Universums haben. Kein Wissenschaftler vermag zu erklären, woher die ca. fünf Prozent Materie in unserem Universum kommen, aus der wir ja schließlich auch bestehen. Der menschliche Geist, unser Bewusstsein kann durch die vorherrschende materialistische Naturordnung nicht erklärt werden!

Wir luden unser Medium zu einem Gespräch in unser Haus ein. Beim Betreten des Esszimmers schaute sie zur Wand, an dem unsere Ahnengalerie hing. Sie zeigte sogleich auf ein kleines Bild und sagte spontan, dass dieser Mann in Soldatenuniform sich zusammen mit unserem verstorbenen Sohn bei ihr gezeigt hätte. Das Bild zeigte seinen Urgroßvater mütterlicherseits, der in der Wehrmachtsuniform abgebildet war. Weder meine Frau noch unser Sohn haben ihn gekannt, da er 1944 bei Sevastopol in Russland gefallen ist.

Ich maß dieser Aussage keine Bedeutung bei, denn ich war überzeugt, die Frau hätte auf jedes beliebige Soldatenbild gezeigt. Dann aber sagte sie zu mir, mein verstorbener Sohn würde nicht wollen, dass ich mir bezüglich seines Ablebens Vorwürfe mache und mich bei ihm entschuldige. Es sei allein seine Entscheidung gewesen. Ich war schockiert! Hatte ich wegen des Fotos noch Zweifel gehegt, so musste ich diese nun fallen lassen, denn es stimmte genau, was sie sagte. Ich machte mir tatsächliche Vorwürfe, nicht alles menschenmögliche für ihn getan zu haben, und manche meiner Handlungen waren, im Nachhinein betrachtet, sicherlich auch falsch. Doch woher konnte sie davon wissen, wenn nicht vom ihm? Das alles machte mich sehr nachdenklich und meine Zweifel an ihren seherischen Fähigkeiten schwanden.

Fast auf den Tag genau nach sechs Monaten des Wartens und Bangens klingelte eine Polizistin an unserer Haustür und teilte uns mit, man hätte etwas von unserem Sohn gefunden, die DNA-Analyse sei eindeutig. Man hätte das Gebiet bereits mit Hunden ergebnislos abgesucht. Auf einer Karte zeigte sie mir das markierte Suchgebiet und den Fundort. Da fiel es mir wie Schuppen von den Augen, ich erinnerte mich an die Aussage des Mediums bezüglich des Sterbeortes und wusste sofort, wo die sterblichen Überreste zu finden sind. Der Polizistin beschrieb ich die Örtlichkeit auf der Karte. Nach ca. 30 Minuten klingelte sie erneut, um uns mitzuteilen, dass sie unseren Sohn genau an der beschriebenen Stelle gefunden hätte. Er hätte auf der Erde gesessen und dabei an einen Baumstamm rücklings angelehnt. Um ein Abgleiten auf dem Steilhang zu verhindern, hätte er seinen Oberkörper am Baum festgebunden. Erst aus unmittelbarer Nähe hätte sie ihn sehen können, weil die Stelle aus weiter Entfernung nicht einsehbar wäre.

Den Sterbe- bzw. Fundort unseres Sohnes durfte ich erst betreten, nachdem die Überreste eingesargt waren. Den Anblick der körperlichen Entstellung, die nach nunmehr einem knappen halben Jahr eingetreten war, hatte man mir auf jeden Fall ersparen wollen. Am Boden lag nur noch die Jacke seines Sportvereins, auf der er gesessen hatte.

Es fehlten nur noch wenige Tage an den von unserem Medium vorausgesagten sechs Monaten. An einen Zufall mochte ich nun auch nicht mehr glauben, nachdem sich alle sonstigen Voraussagen oder Angaben als treffend herausgestellt hatten. Wäre ich anfangs nicht zu skeptisch gewesen und hätte ich ihren Aussagen mehr Bedeutung geschenkt, hätte diese quälende Zeit wahrscheinlich deutlich verkürzt werden können.

Etwa 14 Tage später befragte uns die mit dem Fall beauftragte Polizeibeamtin im Auftrag der Obduktionseinrichtung Gießen, ob an unserem Sohn Schädeloperationen durchgeführt worden seien, da sein Kopf ungewöhnlich deformiert wäre. Die Knochensubstanz am Hinterkopf wäre viel zu dünn und die Knochen am Hinterhauptbein wären nicht zusammengewachsen. An drei Stellen befänden sich etwa 6 mm große Löcher und das Gehirn wäre an diesen Stellen nur durch die Kopfhaut abgedeckt. Dagegen wäre die Knochensubstanz im Stirnbereich doppelt so dick als normal. Dies musste dann schon ein in der embryonalen Entwicklung angelegter Fehler gewesen sein, denn er hatte keine schweren Kopfverletzungen erlitten und es waren auch keine Operationen am Kopf durchführt worden. Nun erhielten wir eine Erklärung dafür, warum unser Sohn schon als Baby nicht auf dem Rücken schlafen konnte, denn in dieser Position bewegte er unentwegt sein Köpfchen hin und her. Auch als Erwachsener konnte er nur unter Verwendung dicker Nackenrollen auf dem Rücken liegen.

Die Polizeibeamtin übergab uns den am Sterbeort gefundenen, leicht durchfeuchteten Rucksack unseres Sohnes. Darin befanden sich leere Verpackungen für ca. 40 Schlaftabletten, eine ausgetrunkene Wasserflasche, Bilder von Verwandten und Bekannten, Bilder von unserer gemeinsamen Afrikasafari sowie von der Diamant-Hochzeit seiner Großeltern, wobei er auf dem Einladungsschreiben zu Hochzeit das Wort Diamanten (=Ewigkeit) markiert hatte. Was wollte er damit ausdrücken? Er hatte, so wie ich es interpretiere, von allen und von allem, was ihm etwas bedeutete, Abschied genommen.

Auf dem Grund des Rücksackes lag seine dünne Jacke, die, wie von unserem Medium vorausgesagt, mit Erbrochenem verunreinigt war. Wieder wurde die Vorausschau bestätigt. Wie bzw. woher konnte sie das wissen?, fragte ich mich erneut. Doch die Fakten sprachen eine eindeutige Sprache und belehrten mich erneut, dass es weit mehr gab, als ich bis dahin anerkennen wollte. Mein materialistisches neodarwinistisches Weltbild brach immer mehr in sich zusammen.

Vor der Beerdigung suchten wir nach einer Grabbeigabe zusätzlich zur Urne. Unser Medium war zugegen. Was wir ihr auch immer an Gegenständen unseres Sohnes zeigten, sie schüttelte mit dem Kopf und sagte, das wollte er nicht. Plötzlich sagte sie: „Er signalisiert mir ‚Hut-Afrika‘." Diesen Hut, den er in der Blüte seines Lebens während unserer Afrikasafari getragen hatte, fanden wir aber nicht in seiner Wohnung. Erst nach längerer Suche fand ich ihn im Keller in einem Schrank. Wieder fragte ich mich: Woher konnte sie um diesen Hut wissen? Habe ich im Unterbewusstsein etwa daran gedacht und sie hat meine Gedanken gelesen? Ich fand jedenfalls keine plausible Erklärung.

Bei der Beerdigung saß diese hellsichtige Frau weit hinten in der voll besetzten Kirche. Was sie uns nach der Beerdigung berichtete, kann ich nicht, wie bisher, durch Fakten und eigenes Erleben bezeugen. Doch lassen wir sie zu Wort kommen: Unser Sohn wäre während der Trauerfeier in die Kirche gekommen, neben der alten weißhaarigen Frau in der ersten Reihe stehen geblieben und hätte seine Hand auf deren Kopf gelegt. (Diese Frau war seine Großmutter, zu der er eine besonders innige Verbindung hatte!) Danach wäre er langsam an uns vorbei gegangen, habe jeden von uns intensiv betrachtet und wäre erst nach der Urnenbeisetzung aus ihrer Wahrnehmung entwichen.

Kurze Zeit danach war unser Medium bei uns zum Kaffee eingeladen, um das gemeinsam Erlebte zu besprechen. Nachdem sie sich gesetzt hatte, blickte sie zur Esszimmertür und sagte: „Er kommt herein." Ich drehte mich um und sah am Türrahmen einen weißen, undefinierbaren Schleier in unser Zimmer gleiten. Zuerst dachte ich an einen sich bewegenden Sonnenstrahl. Doch dann wurde mir klar, dass um 11:00 Uhr vormittags die Sonne noch mehr östlich steht und unmöglich auf diesen mitten im Haus nach Westen gerichteten Türrahmen scheinen konnte. Die Haut unseres

Mediums wurde grobporig und sie fröstelte. Anschließend spürten auch meine Frau und ich das Energiefeld an unseren Köpfen. Das Medium sagte: „Er sitzt auf der Wohnzimmercouch und hört uns zu." Meine Frau, die wesentlich feinsinniger ist als ich, hat diese Lichterscheinungen nach eigener Bekundung sehr oft wahrgenommen. Sie will seine Gestalt oftmals als durchsichtige, wässrige verschwommene Masse wahrgenommen haben.

Bei Aufräumarbeiten in seiner Wohnung entdeckte ich eine Fotomontage, die unser Sohn selbst angefertigt hatte. Sie zeigte ein Bild seiner Ur-Ur-Großeltern mit seinem 1944 auf der Krim gefallenen Urgroßvater als Kind im Alter von ca. 5 Jahren. Auf dieses Foto hatte er ein Bild von sich selbst im Alter von 5 Jahren gelegt, Kopf an Kopf mit seinem gefallenen Urgroßvater. Ich musste sofort an die Sichtung unseres Mediums denken – unser verstorbener Sohn mit seinem toten Urgroßvater in Wehrmachtsuniform – und war sehr irritiert. In seiner Wohnung befand sich ein ca. 15 cm großes metallenes Modell eines Wehrmachtsflugzeugs, welches sein Urgroßvater vor seinem Tod seiner Frau bei einem Heimaturlaub mitgebracht hatte. Als kleines Kind hatte mein Sohn dieses Flugzeug während eines Besuches bei seiner Urgroßmutter an sich genommen und nicht wieder aus der Hand gegeben. Meine Frau durfte es als lästigen Staubfänger nicht entsorgen. Auch hatte er sich die Kriegskorrespondenz über diesen Urgroßvater kopiert und die Rückzugsgefechte der Wehrmacht auf der Halbinsel Krim genauestens ausgearbeitet.

Diese Angelegenheit wurde immer mysteriöser. Seine Affinität zum Soldatentum war uns bekannt, aber welche geistige Verbindung hatte unser Sohn mit seinem Urgroßvater, den er nicht gekannt hatte? Er hatte sich sonst für keinen anderen Vorfahren interessiert. Die Antwort darauf werde ich in diesem Erdenleben wohl nicht erhalten. Ohne die Mitteilung des Mediums über die gleichzeitige Sichtung von Sohn und Urgroßvater wären diese Unterlagen und Gegenstände jedenfalls entsorgt worden.

Nach intensivem Studium der Nahtod- und Inkarnationsforschung, Forschungsergebnisse über Rückführungen in frühere Leben in Verbindung mit dem aktuellen Stand der Quantenphysik bin ich zur Überzeugung gelangt, dass die materialistische Konzeption der Natur, in der der menschliche Geist keinen rechten Platz findet, so gut wie sicher falsch ist. Das, was den menschlichen Geist auszeichnet – Bewusstsein, Denken, Werte –, lässt sich nicht auf physikalische Gesetze reduzieren. Es hat eher den Anschein, dass wir über subtile Bewusstseinsenergien mit dem gesamten Kosmos verbunden sind. Die wesentliche Frage bleibt unbeantwortet: WAS oder WER ist die Quelle von allem?"

Soweit die persönlichen Schilderungen dieses Mannes.

Der Lernprozess

Ein Kind zu verlieren, dürfte für Eltern zu dem Schwersten gehören, was ihnen im Leben widerfahren kann. Angesichts des hier vorliegenden dramatischen Geschehens, konnte bei diesen Eltern nicht mehr von Trauer gesprochen werden, sondern von purer Verzweiflung. Worte reichen niemals aus, um solchen Schmerz auszudrücken. Nur wer Ähnliches an sich selbst erfahren hat, wird dies wirklich mit- und nachempfinden können.

Für diesen Vater mag alles deshalb noch viel schmerzlicher gewesen sein, weil nach seinem einseitig ausgerichteten Weltbild sein Sohn für alle Zeiten unwiederbringlich verloren war. Nie wieder würde er ihm wieder begegnen, denn sein Körper hatte sich bereits in seine atomaren und molekularen Bestandteile zerlegt, um wieder dem Kreislauf der Natur zugeführt zu werden. Dieser Vater hegte nicht die Spur jener Hoffnung, ja einer Gewissheit, von der ihm sein eigener Großvater auf dem Sterbebett erzählt hatte: Er würde alle, die vor ihm gegangen waren, wiedersehen. So erzählte es mir dieser Vater in einem langen Gespräch, das wir über das Erlebte geführt hatten.

Doch dann ereigneten sich diese unerklärbaren Phänomene, die in völligem Gegensatz standen zu seinen bisherigen Ansichten. Dass die Seherin den Sterbeort des Sohnes so beschrieben hatte, wie es sich später nach dem Auffinden bestätigte, war nur eine von diesen Merkwürdigkeiten. Hinzu kamen dann noch die Aussagen über Einzelheiten aus dem früheren Leben des Sohnes, von denen diese Frau als

Mensch nichts wissen konnte. Alles Fakten, an denen dieser Vater nicht vorbei kam. Seinen Schritt, das bisherige Weltbild jetzt infrage zu stellen und sich auf die Suche nach neuen Antworten zu begeben, kann nicht hoch genug eingeschätzt werden. Wie er mir selbst erzählte, hätte er niemand anderem eine solche Geschichte geglaubt, selbst wenn der Betreffende diese an sich selbst erlebt und die Wahrheit bezeugt hätte.

Erst, nachdem er solches an sich selbst erleben musste und dadurch in den Grundfesten seines bisherigen Lebens bis ins Mark getroffen war, erlebte er eine Sinneswandlung. An diesem Beispiel wird deutlich, wie tief sich Glaubenssätze im menschlichen Denken festsetzen können. Auch das materialistische Weltbild ist solch ein Glaubenssatz, auch wenn deren Anhänger das so nicht sehen wollen.

Auf seiner Suche arbeitete sich dieser Vater nun durch ganze Stapel wissenschaftlicher Literatur hindurch – Physik, Mythologie, Parapsychologie – und kam aus dem Staunen nicht mehr heraus über Fakten, gegenüber denen er bis dahin blind war. Scheuklappen – wie er es selbst formulierte!

An einem Beispiel sei es verdeutlicht: So ging er unter anderem der Frage der Reinkarnation nach und fand hierzu derart überzeugende wissenschaftliche Literatur, dass er heute von der Wiederverkörperungslehre überzeugt ist. Diese Lehre setzt ein den physischen Körper überlebendes Etwas voraus, das wir allgemein als Seele bezeichnen, als unser Bewusstsein. Wie muss diesem Vater zumute gewesen sein, als er zum ersten Mal von der Seherin zu hören bekam, sie stünde in einer Verbindung mit dem verstorbenen Sohn? Wie war ihm zumute, als er die Erscheinungen im Haus als Lebensäußerungen, als Erkennungszeichen seines Sohnes zu verstehen vermochte? Das alles kann ein Mensch, der bis dahin einem völlig anderen Weltbild anhing, nicht schlagartig erfassen. Da findet ein langwieriger Umwandlungsprozess statt.

Auch hierzu fand er sehr aussagekräftige, glaubwürdige Literatur, die ihm nahebrachte, dass es Seelen durchaus möglich ist, sich den Menschen auf unterschiedlichste Art bemerkbar zu machen. Der Freiburger Physiker und Parapsychologe Dr. Dr. Walter von Lucadou berichtet von Fällen, in denen diese unsichtbaren Wesen derart destruktive Kräfte entwickeln, dass dabei ganze Zimmereinrichtungen zu Bruch gehen und Türrahmen aus ihren Halterungen gerissen werden. Johannes Greber erhielt auf geistgewirktem Wege über ein Medium nähere Auskunft, wie die jenseitigen Wesen mithilfe der sogenannten „Od-Kraft" in der Lage sind, auf die Materie einzuwirken. Berühmtheit erlangte im 19. Jahrhundert Pfarrer Johann Christoph Blumhard, dem die Gabe verliehen war, besetzte Menschen von derartigen Geistern zu befreien, welche in ihnen nur Unheil anrichteten.

Nach den Mitteilungen der Seherin, den Vorgängen im eigenen Haus und den anschließenden weiteren Nachforschungen dämmerte in diesem Vater erst langsam die Einsicht auf, dass hinter den Erscheinungen sein Sohn steckte. Zwar hatte der Sohn über das Medium bereits mitteilen lassen, die Eltern sollten sich seinetwegen keine Vorwürfe machen, dazu bestehe kein Grund. Aber wie hätte diese Mitteilung bei ihm einen plötzlichen Sinneswandel bewirken können? Dazu brauchte es Zeit! So sah der Sohn weiterhin die tiefe Trauer seiner Eltern und wollte ihnen auf verschiedenste Art signalisieren: „Hört auf, um mich zu trauern! Seht doch, ich lebe!"

Wie ich von dem Mann hörte, hätte sich sein Sohn wohl Gedanken darüber gemacht, dass mit diesem eingeschränkten Weltbild nicht alles zu erklären wäre, und vermutlich auch durch das Studium „Evangelische Religion" an der Universität Kassel hierzu weitere Antworten zu finden versucht. Hierzu kann nur gesagt werden, dass sich GOTT weder in einer Religion finden noch theoretisch „studieren" lässt. Zu dieser Einsicht wäre der Sohn dann offenbar auch gekommen. Für mein Dafürhalten musste er aber davon ausgegangen sein, dass, wenn er aus diesem Leben schiede, all seine vielfältigen Leiden, die sein Leben so schwer machten, endeten und er endlich und endgültig die ersehnte Ruhe fände – und schließlich musste er dann aber eine völlig unerwartete Erfahrung machen: Er lebte weiter, obwohl er „gestorben" war.

Diese, für die meisten Menschen plötzlich eintretende Tatsache bereitet ihnen beim – in geistiger Umnachtung – Hinüberwechseln ins Jenseits große Schwierigkeiten. Sie können sich ihren Zustand zunächst nicht erklären, denn ihrer Vorstellung nach müssten sie doch nun tot sein – sie sind es aber nicht! In diesem unklaren Zustand halten sich die meisten Seelen noch in Erdennähe auf und werden deshalb auch als „erdgebundene Seelen" bezeichnet. Sie suchen ihre einstigen Wohn- und Wirkungsstätten auf und suchen vor allem die Nähe von Menschen, die sie kannten. Sie sind sich ihrer Körperlosigkeit nicht bewusst und wähnen sich immer noch in den abgelegten Menschenkörpern. Sie versuchen, Menschen anzusprechen (z. B. auf der Straße) und müssen dabei feststellen, dass niemand sie wahrnimmt. Sie gehen einfach durch die Menschen hindurch, da ihr geistiger Leib jetzt alle Materie ungehindert durchdringen kann. Sich dieses körperlosen Zustandes ganz bewusst zu werden, kann manchmal sehr lange dauern – sogar Jahrzehnte.

Um das noch deutlicher zu machen: Die Seele lebt in exakt dem Bewusstseinsstand weiter, den der Mensch einst hatte. Das versuchte bereits Emanuel Swedenborg jenem Kaufmann aus Elberfeld zu vermitteln, als ihn dieser aufsuchte, um sich nach dem Befinden seines verstorbenen Freundes zu erkundigen. Swedenborg erklärte ihm, die Seele behielte alle die Vorstellungen bei, die der Mensch einst entwickelt hätte, ob diese nun der Wahrheit entsprächen oder nicht – im Falle fehlgeleiteter Vorstellungen stellte das ein großes Hindernis dar für die Seele, auf dem Weg ihrer Höherentwicklung. Demnach hatte auch der Sohn in unserer Geschichte vermutlich falsche Vorstellungen und musste nun überrascht feststellen, dass sich sein Bedürfnis nach Ruhe und Frieden nicht erfüllte.

Nur eine genaue geistige Kenntnis lässt die Einsicht zu, dass der Freitod keine Lösung für die Seele des Menschen ist. Diese Einsicht konnte der Sohn erst gewinnen, nachdem er in die Jenseitswelt hinüberwechselte. Seine langjährige medizinisch-psychiatrische Behandlung hatte zwar zu seinen Lebzeiten aufgedeckt, dass eine unbehandelbare genetische Schädigung vorlag, doch welche Rolle die Missbildungen seines Schädels dabei gespielt hatten, die erst durch die Obduktion erkennbar wurden, kann nicht gesagt werden. Dass die aufgezeigten Schwierigkeiten schon in seiner frühesten Kindheit bestanden hatten, deutet lediglich darauf hin, dass die tieferen Ursachen in früheren Inkarnationen – also im Verborgenen – gelegen haben. In einem weniger bekannten Evangelium sagte Jesus:

„Wenn die Seele ins Fleisch geht, trinkt sie vom Wasser des Vergessens."

Diesen Satz muss man mehrmals lesen und auf sich wirken lassen – denn die sich darin spiegelnde Wahrheit begründet, warum selbst sogenannte „Rückführungen" nur vermeintliche Heilerfolge erzielen: Solche Maßnahmen geschehen außerhalb der göttlichen Ordnung, das heißt, es erfolgt dabei keineswegs ein Heilwerden der Seele, sondern nur eine vorübergehende körperliche Linderung. (Der Gesamtzusammenhang ist derart komplex, dass ich hier allenfalls darauf hinweisen kann.) Sie, liebe Leser, könne es am besten so lesen: Jede Krankheit bedeutet das Hervorbrechen von Karma, welches auf der Seele lastet. Nur, wenn die karmischen Verschattungen von der Seele genommen werden und diese dadurch lichter wird und durchlässiger für die allgegenwärtige, alles durchströmende und durchdringende göttliche Energie, wird auch die Krankheit dauerhaft beseitigt sein.

*

Nach Aussage des Mannes suchte der Sohn, wenn er nachts keinen Schlaf fand, im Internet nach „logischen" Ursachen und eben auch Lösungen für seine desolate Verfassung. In seinen Schilderungen wird die verzweifelte Situation seines Sohnes überaus greifbar: Ein Mensch, der einen solchen radikalen Plan, wie Suizid, tatsächlich umsetzt, muss ohne Frage sehr verzweifelt sein und keinen anderen Ausweg mehr sehen. Wie oft wird er sich gefragt haben: „Warum hat es gerade mich getroffen?" und „Warum kann ich kein normales Leben führen, wie so viele andere?" Nun gab es aus medizinischer Sicht zwar eine Erklärung – Diagnose –, aber eine äußerst unbefriedigende. Es blieb die Frage nach dem Warum dennoch unbeantwortet. Die einzige Antwort, die er jedoch nicht finden konnte, war natürlich das karmische Kausalgesetz.

Der Geistlehrer Josef gab – durch das Schweizer Tieftrancemedium Beatrice Brunner – bereits 1953 in einem Vortrag folgende Erklärung hierzu: „Wie viel leichter ist es doch, ein Leiden zu ertragen, wenn der Betreffende weiß, dass er es selbst verschuldet hat und dass er zu tragen hat, was er selbst einmal einem Mitmenschen zugefügt hat. Darum hat Christus die Worte gesprochen: ‚Jeder trägt seinen eigenen Richter in sich.‘ Und dieser Richter in euch selbst sorgt peinlich für die Erfüllung seines Urteils an euch. (...) In solchen Prüfungen aber steht mancher Mensch näher bei Gott. Und wie viele haben schon den Weg zu Gott durch Leid und Not gefunden! Wenn aber in so vielen Gemeinschaften der Mensch sich in seinem Leid nur mit Bibelsprüchen abfinden muss, die er nicht versteht, so versuchen wir ihn über all diese Dinge aufzuklären. (...) Wenn wir die Menschen darüber belehren, warum sie diese Leiden zu tragen haben, werden sie Gott sogar dankbar sein, niemand wird zweifeln an der Gerechtigkeit Gottes. (...) Dann wird der Mensch auch das Licht Gottes erkennen und fühlen, dass er von göttlichen Wesen dem Lichte zugeführt wird. Dann wird er all das, was er zu erdulden hat, in Erhabenheit zu tragen vermögen."

Über viele Jahre hinweg habe ich Hunderte Vorträge dieses Geistlehrers gelesen und sie mit den Botschaften aus der Prophetie der Jetzt-Zeit verglichen. Vereinfacht dargestellt, kam ich zu folgendem Ergebnis: Josef dürfte ein hoher Geist sein, vermutlich aus den oberen Bereichen der sogenannten „Aufstiegsebenen" –, aber noch nicht aus dem reinen Sein, was wir als Reich Gottes bezeichnen. Dementsprechend dürften seine Botschaften von hohem Wahrheitsgehalt sein, wenngleich sie jedoch in letzten Feinheiten von manchen Botschaften abweichen, die uns heute direkt durch Christus aus seinem Reich geschenkt werden. So lehrt Christus heute selbst, dass nicht jede Seelenschuld zwangsläufig, also wie automatisch, zur Wirkung kommen muss. Sie kann abgemildert, in Teilen oder auch ganz aufgehoben werden. Hierzu lehrt ER heute den von IHM so bezeichneten „Weg der Bereinigung". Dieser Weg setzt ein volles Vertrauen in GOTT voraus und verlangt harte Arbeit am Selbst.

Doch zurück zu unserer Familiengeschichte: Die Aussage des Geistlehrers Josef, uns treffe ausschließlich nur das, was wir einst selbst verursacht hätten, betrifft im Kern eine Tatsache, die anzuerkennen bedeutet, schließlich alles klaglos anzunehmen, was uns widerfährt – denn es hat unmittelbar mit uns zu tun und ist unser Karma. Für mich sind dies keine hohlen Worte, da ich konkret diese Erfahrung in diesem Leben selbst machen konnte. Für den verstorbenen Sohn wäre dieses Annehmen ein erster, sehr wichtiger Schritt gewesen, vorausgesetzt er hätte darüber Bescheid gewusst.

Weiter haben wir gehört, der Vater sollte alle Selbstvorwürfe, er hätte seinem Sohn besser beistehen müssen, fallen lassen, wie ihm dieser durch die hellsichtige Frau mitteilen ließ. Doch, wie hätte ein solcher „besserer Beistand" in diesem Falle denn aussehen müssen? Um wirksam helfen zu können, hätte der Mann selbst des Beistands bedurft, nämlich von Menschen, die nicht nur Kenntnisse über alle geistigen Zusammenhänge hätten besitzen, sondern diese auch in ihrem Leben verwirklicht haben müssen – zumindest in Teilen. Bloßes Wissen alleine hätte hier gar nichts geholfen, (so wenig, wie Wissen mit Weisheit verwechselt werden darf). Denken wir nur an den Zustand dieser Welt, der dies wiederspiegelt: Seit 2.000 Jahren wird vom Liebe-Gebot Jesu bloß geredet und obendrein wird dagegen gehandelt, wider die Erkenntnis, wider des Wissens also. Kein Wunder, dass die Wirkungen daraus unmittelbar mit Gewalt auf die Menschheit zurückfallen.

Der nächste Schritt hätte den traurigen Vater in die Geborgenheit einer wahren christlichen Gemeinschaft geführt, in der einer tatsächlich des anderen Last mitträgt – wo nicht nur dieser Anspruch am Sonntag von der Kanzel verlesen, ansonsten aber jedes echte und praktische Interesse am Nächsten vernachlässigt wird. Sofern jeder Einzelne einer wahren Gemeinschaft um die höheren göttlichen Gesetze weiß, die unser Erdenleben bestimmen, wird auch jeder Einzelne von Herzen die Schwächeren als Bruder, als Schwester ansehen und deren Belastungen mittragen. Ohne Zweifel ließe sich in einer solchen Atmosphäre alles Leid besser ertragen. Doch, wo sind diese Gemeinschaften zu finden? Sie sind derzeit erst im Entstehen, werden aber in dem von Jesaja angekündigtem Friedensreich die ganze Erde bevölkern.

Als Letztes käme hinzu, sich das Wissen um die in einem felsenfesten Glauben begründete Heilkraft[16] des Geistes – die Selbstheilungskraft – anzueignen. Ich riet dem Mann in unserem Gespräch auch, tatsächlich alle Selbstvorwürfe fallen zu lassen, wie sein Sohn ihm geraten hatte, denn diese würden die Seele eines Sohnes nur länger an die Erde binden.

---

¹⁶ *Das Thema „Heilungskraft" wird in „Gott heilt" von Gabriele Verlag komplex dargestellt.*

Wir Menschen sind dazu aufgerufen, in jedem für uns noch so negativen Geschehen den positiven Anteil zu suchen – diesen positiven Teil gibt es auch in unserem Beispielfall: Ohne den fatalen Abschied seines Sohnes hätte dieser Mann im jetzigen Erdenleben höchstwahrscheinlich seinen eingeengten Wahrnehmungshorizont nicht durchbrechen können – und wäre demnach auch nicht zu neuen, höheren Erkenntnissen gelangt. Statt sich selbstverzehrende Vorwürfe zu machen, sollte er seinem Sohn in gewisser Weise sogar dafür danken, das er ihm die Türen zur wahren Geistigkeit geöffnet hatte – Türen, die nicht umsonst geöffnet wurden, sondern sich diesem Vater bei seinem eigenen späteren „Übergang" als sehr hilfreich zeigen werden.

Der Dank des Vaters, der inzwischen selbst zu dieser Einsicht gelangt ist, sollte aber nicht direkt an die Seele des verstorbenen Sohnes gerichtet werden. Alle noch so gut gemeinten Absichten führen zu einer Bindung der Seele an die Erde und stehen ihrer Höherentwicklung entgegen. Stattdessen gilt aller Dank ausschließlich dem Christus-Geist oder GOTT-Vater, denn von dort aus erreicht er dann die betreffende Seele. Wir sollten einer Seele also immer nur den Segen des „HERRN" anempfehlen – auf diese Weise werden alle Rückbindungen zur Erde hin unterbrochen.

In einem aus tiefem, ehrlichem Herzen kommenden, selbstlosen Gebet liegt eine gewaltige Kraft, denn es ist alles andere als ein geistloses Bettelgebet. Alle unsere Gedanken und Gefühle sind Energien, die nicht verloren gehen. Deshalb muss der Mensch auch seinen Gebeten entsprechend leben, das heißt, sie in seinem Alltag ständig in positiver

Weise bekräftigen und bestätigen durch das, was er sagt, denkt, fühlt und tut. Er sollte nicht – so, wie es scheinheilige Christen immer schon praktiziert haben – auf den Knien das Gute beten und sich dann erheben, um das Schlechte zu tun. Steht die Lebensweise des Vaters in unserer Fallgeschichte also mit seinem Dankgebet in gesunder Übereinstimmung, wird dies der Seele seines verstorbenen Sohnes zugute gerechnet beim Abwägen von allem Für und Wider. Er kann sicher sein, dass in Gottes unbestechlicher Gerechtigkeit nicht das Geringste unberücksichtigt bleibt, das zugunsten dieser Seele spricht – alles Bemühen Gottes zahlreicher Helfer um die aufsteigenden Seelen wird aus- schließlich aus der Liebe Gottes zu allen seinen Kindern gespeist.[17]

*

Als Letztes noch einige Worte zu dem eigentlichen Wendepunkt-Geschehen in der Fallgeschichte: der Freitod. Die Kirchen haben diese radikale Tat lange als große Sünde bezeichnet und die Betreffenden – sozusagen nachträglich – aus ihrer Gemeinschaft ausgeschlossen. Ihnen wurde – und wird bis heute – sogar das Begräbnis auf dem geweihten Friedhof verweigert - den Selbstmördern würde es nicht anderes ergehen als jenen, welche wegen schwerer Verbrechen in die ewige Verdammnis der Hölle kämen. Wir wissen inzwischen, dass es jenen grausamen Ort mit Namen „Hölle" nicht gibt. Allerdings kann der Geistleib einer Seele im Jenseits sehr wohl Schmerzen erfahren, und zwar solche, wie der Mensch sie im Erdenleben anderen Menschen zufügte. Diese Schmerzen können sowohl physische sein als

---

[17] *Das Thema des Aufstiegs wird ausführlich hier behandelt: „Ich kam – woher? Ich gehe – wohin?"; Gabriele Verlag Das Wort 2015.*

auch Kummer usw. Allerdings hat dies nichts mit der ewigen Verdammnis zu tun, denn solche Leidprozesse sind zeitlich begrenzt und notwendige Phasen auf dem Weg der Weiterentwicklung der Seele.

Der Geistlehrer Josef berichtete einmal davon, wie es einer Selbstmörderin im Jenseits erging: Zwar wäre sie zur Rechenschaft gezogen dafür, dass sie ihr von Gott geschenktes Leben „weggeworfen" hatte, jedoch wären auch alle äußeren Umstände, die zu dieser Tat geführt hatten, entlastend berücksichtigt. Außerdem wäre diese Seele von höheren Wesen bei ihrem weiteren Aufstieg unterstützt worden.

Schlussbemerkung

Vielleicht mögen Sie sich gefragt haben, was denn diese tragische Familiengeschichte mit der fleischlosen Ernährung zu tun hat? In der Zeit meiner Niederschrift zu meiner Ernährungsumstellung ereigneten sich diese Gespräche mit dem Vater parallel dazu, und so bewegte sich beides gleichzeitig in mir – zwei grundverschiedene Sachverhalte, wie es scheint. Doch es wird Ihnen nicht entgangen sein, dass es in der Tiefe immer um dasselbe geht: unsere Erdenreise als Lebensschule! Das drückte Jesus in seiner Bergpredigt gemäß Matthäus 5, Vers 48 so aus: „Darum sollt ihr vollkommen sein, wie euer Vater im Himmel vollkommen ist." Durch Gabriele sagt Christus heute sinngemäß dasselbe: „Ihr seid auf Erden, um göttlich zu werden."

Lebt die Menschheit danach? Welche Ziele hat sie stattdessen? Ganz offensichtlich steht der göttlichen Planung zur Rückholung der Seelen das materialistische Weltbild – und infolge dessen auch ungeistiges Denken und Handeln der meisten Menschen konträr gegenüber, für die weder Seelen noch GOTT existieren. Die Beispielgeschichte zeigt nun aber, wie sich die unbewusste Perspektive eines Menschen durch schicksalhafte Erschütterungen massiv ändern kann. So ist der darin vorgestellte Wandlungsprozess beispielhaft dafür, dass vorgefertigte Meinungen und festgefahrene Gewohnheiten durch die Konfrontation mit dem eigenen Karma in ihren Grundfesten aufgerüttelt werden können. Dies war für mich also der Grund, die Geschichte hier wiederzugeben – es könnte immerhin sein, dass Sie,

werte Leser, hierdurch zum Nachdenken angeregt werden
in Bezug auf Ihre eigenen Vorstellungen – nicht nur über
Ihre Mitgeschöpfe, die Tiere, sondern auch über Ihre Le-
bensreise innerhalb der ganzen göttlichen Schöpfung. Mögen Ihnen das Gesetz der Kausalität und hohe Werte, wie
Gerechtigkeit unter Menschen und Mitgefühl mit allen Wesen, so zusprechen, dass es Ihnen selbst eine Erleichterung
ist und eine wohltuende Einsicht bewirkt.

Adam Fischer, im Juli 2019